A ti, porque tu momento es ahora.

GUÍA DE ESTUDIO

¡Importante!:

antes de comenzar a leer este libro:

Descarga la guía de estudio gratuita que llevará a la práctica cada uno de los capítulos que en él aparecen.

Puedes descargarla gratuitamente en www.guiatumomento.com

Contenido

TERCERA PARTE

PASO III. Conquistando lo externo

PRÓLOGO POR ISMAEL CALA

TU MOMENTO ES AHORA

VICTOR HUGO MANZANILLA

GRUPO NELSON
Desde 1798

Para otros mate
grupone

Publicado por Grupo Nelson en Nashville, Tennessee, Estados Unidos de América.
Grupo Nelson es una marca registrada de Thomas Nelson.
www.gruponelson.com

Editora en Jefe: *Graciela Lelli*
Edición: *Marta Liana García*
Diseño: *Grupo Nivel Uno, Inc.*

ISBN: 978-0-71808-946-7

Impreso en Estados Unidos de América
17 18 19 20 21 DCI 9 8 7 6 5 4 3 2 1

Prólogo

NO PODEMOS VER EL ÉXITO COMO UN FIN, SINO COMO UN CAMINO EN LA VIDA. UN camino nada fácil, porque suele ser sinuoso y cuesta arriba. El esfuerzo y la inteligencia que estamos obligados a desplegar para transitarlo es el precio que debemos pagar quienes aspiramos a la excelencia y a trascender como seres humanos.

Pero existe otra posibilidad: desdeñar ese camino, acomodarnos y, como dice Víctor Hugo Manzanilla, autor de este libro, «dejar que la vida pase como una película aburrida». ¡Somos libres de elegir!

Tu momento es ahora, por supuesto, ampara la primera opción, la que nos llama a subir la cuesta del éxito, por muy empinada que se nos presente, porque, en definitiva, es la única manera de convertir nuestra existencia en la «película interesante, útil y entretenida» que todos quisiéramos ver hasta el final.

> No podemos ver el éxito como un fin, sino como un camino en la vida.
> #tumomentoahora.com

Manzanilla, un hombre apasionado por transformar pensamientos limitantes y destruir miedos, no solo determina en *Tu momento es ahora* el camino y el instante preciso en que debemos echar a andar. Va más allá y propone cómo hacerlo, a través de un proceso sencillo y eficaz, capaz de guiarnos hasta la misma realización de los sueños.

¡En esto descansa la grandeza real de su libro!

Es una obra bien documentada y de fácil lectura, en la cual el autor da continuidad a la línea temática de su primer libro, *Despierta tu héroe interior*, todo un *bestseller* de la literatura motivacional.

En aquel, Víctor Hugo enfila su interés en demostrar «cuál» es el primer paso para conquistar el éxito: «despertar el héroe que todos llevamos dentro», lo que no es más que estar dispuestos a poner a funcionar todas las potencialidades físicas e intelectuales que nos definen.

En su nuevo libro se centra en el «cuándo». O sea, en el instante preciso para despertar ese héroe que adormece dentro de nosotros. El título revela la respuesta.

¡Ese instante es «ahora», porque no vale la pena esperar para intentar vivir una existencia útil, excitante y trascendente!

Mucho menos se justifica esperar si ya disponemos de una obra como *Tu momento es ahora*, emanada del talento, la experiencia y la personalidad de Víctor Hugo Manzanilla. Te aseguro una lectura amena, interesante y, sobre todo, motivadora.

¡Gracias, Víctor!

Ismael Cala

Introducción

ESTABA EXTENUADO.

Escribir *Despierta tu héroe interior* no había sido fácil y creía que nunca iba a poder escribir otro libro alguna vez. Sentía que lo había entregado todo: toda mi experiencia, toda mi vida, todo mi esfuerzo y todas mis historias. Sentía que no había más nada que enseñar.

Pero la vida me tenía algo preparado.

Un golpe, duro. Uno que nunca me esperaba. Un golpe que me cambió la vida para siempre.

Todo me estaba saliendo tal y como lo había planeado: *Despierta tu héroe interior* estaba en proceso de edición; LiderazgoHoy.com seguía creciendo y me acababan de ascender nuevamente en Procter & Gamble a un puesto de inmensa responsabilidad.

Pero había algo dentro de mí que no estaba funcionando bien.

Comencé a darme cuenta de que estaba en un estado emocional que no era el normal: insomnio, tristeza, falta de energía, falta de apetito e inclusive falta de ganas de vivir.

La realidad de que Víctor Hugo Manzanilla, el que diariamente motivaba a miles de personas a salir de su «mundo ordinario» para luchar por construir una gran historia, estuviera en ese estado emocional, hacía que me hundiera más y más en un círculo vicioso de desesperación, desamor a mí mismo y vergüenza.

La depresión es tan dura que sientes envidia de las personas que tienen alguna «enfermedad normal» a tu alrededor. Prefieres estar enfermo con alguna enfermedad que al menos tiene un plan, un diagnóstico y pronóstico, una medicina y un camino; comparado con este estado emocional que te hunde, que no sabes explicar, no entiendes, y no le ves la salida.

> **El proceso del éxito comienza desde adentro hacia afuera. El primer paso del éxito tiene que ver mucho más con la madurez emocional que con cualquier otro aspecto.**
> #tumomentoahora.com

Pero este no es un libro sobre depresión y cómo salir de ella (o a lo mejor sí), sino más bien de cómo esa situación en mi vida despertó en mí el deseo de conocer el epicentro de las emociones, que termina siendo la fuerza que mueve a cada ser humano. Sobre cómo puedes decidir, estés donde estés —bien sea disfrutando tu éxito en la isla de tus sueños o en el fondo de un estado depresivo o en el medio de una injusticia—, construirte a ti mismo desde adentro hacia afuera, sin miedo, para experimentar la vida en abundancia.

En este proceso de meses, desde el pantano hacia la luz, descubrí que la palabra éxito era mucho más grande de lo que había imaginado, pero también mucho más pequeña de lo que una vez creí. Esa dicotomía me parecía interesantísima por un lado y amenazante por el otro.

Pero algo sí aprendí que me quedó claro. El proceso del éxito comienza desde adentro hacia afuera. El primer paso del éxito tiene que ver mucho más con la madurez emocional que con cualquier otro aspecto.

Sin importar cuál sea tu concepto del éxito: dinero, fama, poder, libertad, justicia, ayudar a otros, felicidad, etc., nunca serás exitoso si no logras dominar tu interior.

> **Nunca serás exitoso si no logras dominar tu interior.**
> #tumomentoahora.com

Por eso el primer paso en este libro es «Conquistando lo interno», porque sea lo que sea que quieras en la vida, sea lo que sea que alcances en tu camino, terminarás dándote cuenta de que lo importante siempre estará en tu interior, en tu estado emocional.

¿Por qué personas que lo tienen todo: dinero, fama, una hermosa familia, etc., están insatisfechas, deprimidas o ansiosas, o controladas por sustancias tóxicas como el alcohol o las drogas? ¿Por qué hombres o mujeres con la «pareja ideal» son adictos a la pornografía? ¿Por qué un muchacho que lo tiene todo prefiere unirse a un grupo terrorista o a una pandilla violenta, en vez de aprovechar las oportunidades que su familia y la vida le ponen al frente para crear una gran historia con su vida?

> **Al final comprendes que tu «éxito» comienza por tu estado emocional, no por los factores externos, tus metas o tus logros.**
> #tumomentoahora.com

Por otro lado, nos encontramos con personas de las cuales sentimos lástima por su condición de salud, social o financiera, pero al conocerlas más nos damos cuenta de que tienen plenitud, felicidad, y que sus risas nos hacen «envidiar sanamente» su estado emocional.

Vamos a ayudar a personas «con menos recursos y oportunidades que nosotros» solo para darnos cuenta de que los que tenemos menos recursos somos nosotros.

Al final comprendes que tu «éxito» comienza por tu estado emocional, no por los factores externos, tus metas o tus logros.

Y esa es la buena noticia.

Primero, necesitas conquistar lo interno.

De eso se trata toda la primera parte de este libro: mente, cuerpo y espíritu. Se trata de la psicología humana, más específicamente, de la tuya. ¿Cómo ser feliz? Lo revelo en esta primera parte.

La segunda parte del libro tiene que ver con conectar lo interno con lo externo: definir tu propósito o visión, construir hábitos de éxito y destruir de manera permanente los hábitos tóxicos, definir metas correctamente y desarrollar una productividad excepcional.

Luego cerraré el libro con el paso tres: conquistando lo externo. Esta parte te dará las herramientas que necesitas para tener éxito allá afuera. La gran mayoría de los libros de autoayuda tratan acerca del tema que aparece

> **Primero, necesitas conquistar lo interno.**
> #tumomentoahora.com

en esta parte. El problema está en que si aplicas todas estas estrategias y tácticas sin haber conquistado lo interno, nunca serás feliz, nunca estarás pleno, y no sentirás que tu vida tiene significado.

Por eso diseñé este proceso: conquistar lo interno, conectar lo interno con lo externo y, luego, conquistar lo externo.

Esta depresión me hundió por un buen rato bajo las aguas, pero sin darse cuenta, tratando de destruirme me obligó a desarrollar músculo, resistencia, a descubrirla, a estudiarla y a revelarla, y emergió de las aguas, casi ya sin aliento, un nuevo hombre con un nuevo propósito: el de desencadenar una transformación de los viejos paradigmas en las personas, ayudarlas a revelar su verdad, destruir sus miedos e inspirarlas para vivir una vida de plenitud del alma.

•◆•

> **Por eso diseñé este proceso: conquistar lo interno, conectar lo interno con lo externo y, luego, conquistar lo externo.**
> #tumomentoahora.com

Una madrugada, dos años más tarde, estaba frente a un piso de brasas ardientes. Recuerdo estar parado allí cuando finalmente era mi turno. Descalzo, frente a un infierno de calor a casi seiscientos grados centígrados[*] que se sentía en mi pecho y en mi cara también. Sabía que necesitaba dar un paso y sumergir mi pie en esa alfombra de carbones ardiendo. Era mucho más que una experiencia, para mí, era mi graduación.

«Caminar sobre fuego» (*Firewalking* en inglés) es una práctica de la cual se tiene registro desde 1200 años a. C. Ha sido practicada por muchas culturas y religiones como un proceso de purificación, sanción y justicia.

Pero lo que más me llamó la atención era la forma en que unas tribus en Pakistan utilizaban el caminar sobre fuego como parte de su sistema judicial. Si sospechaban que alguien había cometido algún crimen, lo obligaban a caminar sobre fuego. Si se quemaba, era culpable; si no se quemaba, era inocente.

Ellos podían colocar a tres o cuatro sospechosos y detectar por las quemaduras al verdadero culpable. Su creencia estaba basada en que si estaba diciendo la verdad, era protegido por los dioses, si no, era condenado.

Lo espectacular de este proceso no era lo que creían los jueces, sino lo que creían los sospechosos. Por alguna razón, que definitivamente no creo sea la protección de los dioses, los sospechosos que tenían la absoluta certeza de que eran inocentes y, en consecuencia, que sus dioses los iban a proteger, pasaban las brasas ardiendo sin problema. Sin quemaduras, sin ampollas, nada.

Los que tenían dudas, se quemaban.

¿Serían los dioses que los protegían? ¿O sería su mente?

Si fuera la mente y no los dioses, ¿imaginas el poder que tendríamos a nuestra disposición? Piensa por un momento. ¿Podrá el poder de la mente permitirte caminar por brasas ardiendo y evitar que te quemes? ¿De qué mente estamos hablando?

Pues ahí estaba yo. No confiando en los dioses, sino en el poder de mi mente. ¿Podría caminar sobre brasas ardiendo sin quemarme? ¿Podría violar mi propia lógica, acallar mi voz interior que me generaba duda, bloquear lo que estaba percibiendo en mis sentidos, y confiar?

Miré al cielo estrellado, cerré mis puños con toda mi fuerza, y di el paso.

PRIMERA PARTE

PASO I.
CONQUISTANDO
LO INTERNO

CAPÍTULO I

CONQUISTA LA MENTE

ELLIOTT ERA UN PROMINENTE HOMBRE DE NEGOCIOS. SU ÉXITO NO SOLO SE LIMITABA a sus proyectos y empresas, sino que también era un padre y esposo modelo. Sin embargo, de un momento a otro, todo se había venido abajo: había destruido su matrimonio y decimado sus negocios. Su vida estaba en caída libre y no se entendía el porqué.

En el punto de inflexión de la vida de Elliott, había ocurrido una operación quirúrgica en su cerebro. Debido a un tumor que había crecido en la parte frontal de su cerebro, tuvo que ser sometido a una operación para removerlo. En ese proceso, Elliott sufrió un daño del lóbulo frontal.

Luego de la operación se le hicieron todos los exámenes pertinentes y se determinó que la operación había sido todo un éxito: Elliott reaccionaba bien, respondía a las preguntas correctamente, no había perdido memoria de manera significativa e inclusive su coeficiente intelectual se había mantenido muy cerca del nivel en que estaba antes de la operación.

Sin embargo, al poco tiempo comenzaron a notar en él una baja motivación y una inexistente expresión emocional. Aunque los exámenes habían dado resultados positivos, las personas cercanas a Elliott sabían que no era el mismo de antes.

El doctor António Damásio, un prominente profesor y médico neuró-logo comenzó a tratar a Elliott. En su libro *El Error de Descartes: La emoción, la razón y el cerebro humano*[1] comenta cómo Elliott jamás dio ni una muestra de dolor (aunque estaba viendo su vida destruirse en frente de él). Siempre estaba controlado. A pesar de las muchas horas de conversación nunca mos-tró frustración, impaciencia o tristeza.

Con el tiempo se dieron cuenta de que la parte que había sido afectada en el cerebro de Elliott era el área donde se cree residen las emociones. Se había convertido en un hombre sin emociones.

Elliott era el hombre más racional sobre la tierra.

Qué excelente oportunidad se le había presentado al doctor Damásio para estudiar a Elliott. Podría por fin aislar la lógica de las emociones y estu-diar las consecuencias de un cerebro solo dominado por la razón. ¿Podría Elliott continuar su vida solamente tomando las decisiones correctas? ¿Cómo podría vivir un ser humano sin emociones?

Sin embargo, inmediatamente empezó a notar un problema.

Elliott tenía una capacidad «pura» para racionalizar y analizar su vida, pero era incapaz de tomar decisiones.

Cualquier decisión, así fuera pequeña, le tomaba horas a Elliott. Su mane-ra de pensar lo llevaba a debates internos interminables. Hacer una cita le podía tomar treinta minutos. Escoger dónde comer le tomaba toda una maña-na. Inclusive escoger el color del bolígrafo que iba a utilizar era una pesadilla.

Cuenta el doctor António que si le preguntabas a dónde le gustaría comer, Elliott comenzaba un debate de preguntas y respuestas facilitado y respondido por él mismo sin muestras de resolución.

—Podemos ir al restaurante X —decía. Luego él mismo se afirmaba—. Pero ese restaurante no está muy lleno, lo cual puede ser indicativo de que la comida no es tan buena —a lo cual se volvía a responder— pero a lo mejor sí es buena, y como no hay tanta gente, nos atienden rápido.

Y así continuaba:

—Aunque cerca hay un restaurante que está más lleno que este, ese debe ser definitivamente el mejor —para entrar en el mismo ciclo intermi-nable—. Pero si esperamos mucho para que nos atiendan, estaremos cansa-dos y con hambre, y no disfrutaremos la comida.

Estos ciclos de preguntas y respuestas, de monodebates interminables, mantenían a Elliott en un estado que no le permitía tomar decisiones. La consecuencia de su falta de emoción, unida con su incapacidad de tomar decisiones cotidianas, había llevado la vida de Elliott a la ruina.

De este estudio, junto con otras experiencias similares, el doctor António Damásio concluyó que las emociones son la pieza fundamental para la toma de decisiones.

Los seres humanos somos seres emocionales, no racionales.

Aunque muchos crean que son personas lógicas, y que las emociones no controlan sus decisiones en la vida, la realidad es que la razón por la cual toman dichas decisiones es por una emoción de certeza, seguridad o control.

Por ejemplo, una persona puede decidir no comprar un auto de lujo porque «racionalmente» no es el momento, o no tiene el dinero necesario, o tiene planes de ahorro para el futuro; sin embargo, el hecho de no comprar el auto de lujo y en consecuencia tener más holgura financiera, le genera una emoción de estabilidad y control sobre su futuro.

> **Los seres humanos somos seres emocionales, no racionales.**
> #tumomentoahora.com

Al final, la diferencia entre tener un dólar en el banco, tener mil o tener cien mil, es totalmente emocional. Aunque el tener o no el dinero es real, el hecho de tenerlo nos genera una emoción de seguridad: una paz y tranquilidad si tenemos cien mil, o una angustia y estrés si tenemos el saldo en rojo.

Por eso es que puedes colocar a dos personas, exactamente en la misma situación: ambas pueden tener una gran deuda, una enfermedad o inclusive acabar de recibir una gran noticia, y ambas tendrán estados emocionales totalmente diferentes. Una persona puede estar totalmente feliz a pesar de no saber que va a comer mañana mientras otra persona, que lo tiene todo y más, está llena de ansiedad porque no sabe si podrá mantener su estilo de vida en el futuro.

Otro ejemplo es cuando negamos un placer temporal por el bien en el largo plazo. Aunque parezca una decisión racional, ha sido tomada emocionalmente, simplemente el individuo es capaz de darle más peso a la emoción del bien para el futuro frente al placer temporal. La emoción que puedo sentir de seguridad y certeza por tener buena salud en mi vejez supera la emoción temporal que puedo sentir al pasar con hambre cerca de un restaurante de comida rápida.

Comprender que somos seres emocionales es el primer paso en el camino al éxito y la felicidad. Invertimos años aprendiendo la lógica y desarrollando nuestro pensamiento racional, y descuidamos el epicentro de la felicidad y la plenitud del ser humano: las emociones.

> **Comprender que somos seres emocionales es el primer paso en el camino al éxito y la felicidad. Invertimos años aprendiendo la lógica y desarrollando nuestro pensamiento racional, y descuidamos el epicentro de la felicidad y la plenitud del ser humano: las emociones.**
> #tumomentoahora.com

Por eso, lo cual discutiremos a fondo más adelante, la diferencia no está entre individuos emocionales y racionales, sino más bien entre individuos que buscan emociones de variedad contra individuos que buscan la emoción de certeza y seguridad. Sé que estoy etiquetando y estereotipando un poco, pero esa no es mi intención, sino simplemente explicar que existen los extremos de variedad y certeza, y que a las personas que se identifican más con la variedad las etiquetamos como «emocionales», mientras que a las que se identifican más con la certeza las etiquetamos como «racionales». Pero ambos tipos de personas buscan una emoción.

Emoción de
Variedad

Emoción de
Certeza

De la misma manera que Elliott estaba imposibilitado para tomar decisiones por la falta de la sección del cerebro que controla las emociones, también es cierto que nuestras emociones manejan las decisiones que tomamos día a día.

¿Alguna vez renunciaste a un proyecto, relación o negocio y quizás hoy te arrepientes? ¿No fue una emoción en el momento que te llevó a tomar la decisión de renunciar? O por el contrario, una serie de situaciones te llevaron a tener una emoción de frustración o inclusive rabia que te llevó a tomar la decisión de comenzar un negocio, o terminar una relación que no tenía futuro o cambiar la dirección de tu vida para siempre.

Si reflexionas un poco te darás cuenta de que los puntos de inflexión en tu vida —¡comenzamos ya!, ¡se acabó!, ¡renuncio!, ¿te casas conmigo?, ¡sí!, ¡no!, ¡hasta aquí!, etc.— fueron momentos profundamente emocionales. Esas emociones te llevaron a tomar decisiones.

> **Nuestras emociones manejan las decisiones que tomamos día a día.**
> #tumomentoahora.com

Hace más de diez años que conocí a Raúl y Alberto (estos no son sus nombres reales). Ambos tenían grandes sueños para su vida y vieron en trabajar conmigo una oportunidad de que juntos, los tres, alcanzáramos nuestros objetivos.

Tanto Raúl como Alberto estaban llenos de entusiasmo con el proyecto y estaban dispuestos a trabajar duro, al menos eso me dijeron.

Cuatro semanas más tarde Raúl había renunciado y dejado la sociedad, sin ningún plan alterno que lo llevara a sus sueños. Simplemente se fue.

Alberto, por el otro lado, seguía en la calle, recibiendo golpes, portazos y muchos «no» cada vez que trataba de vender nuestro producto y el plan de negocios.

Las mismas situaciones, sueños similares, ambos habían recibido un nivel de rechazo similar; pero uno había renunciado y el otro seguía de pie.

Una vez escuché a alguien decir: «No es el tamaño de la persona lo que importa en la pelea, sino el tamaño de la pelea en la persona, lo que importa». Frases como esta nos inspiran para seguir adelante en los momentos duros. Todos las necesitamos de vez en cuando. Sin embargo, en mi opinión, si entendemos la raíz del problema podemos solucionarlo de raíz. Si logramos entender por qué Raúl renunció y por qué

> **Si entendemos la raíz del problema podemos solucionarlo de raíz.**
> #tumomentoahora.com

Alberto no lo hizo, podemos dejar de depender de frases motivadoras constantemente para construir un ser humano que se sostenga a sí mismo desde adentro hacia afuera, y que, entendiendo que allá afuera hay valles, montañas, dragones y tormentas, sea capaz de alcanzar todo para lo que fue creado.

La diferencia entre Raúl y Alberto fueron sus emociones. Mientras Raúl fue dominado por las emociones de frustración, tristeza e impaciencia; Alberto, enfrentando las mismas situaciones, estaba en un estado emocional de plenitud, pasión y energía. Sus emociones hicieron la gran diferencia.

Porque al final, tus emociones controlan tus decisiones.
#tumomentoahora.com

Porque al final, tus emociones controlan tus decisiones.

Mientras escribía estas líneas me preguntaba: ¿Cómo pasó todo esto? Cuatro años atrás estaba manejando a mi casa un día como cualquiera y cuatro años más tarde estaba escribiendo mi segundo libro, con una plataforma que toca a más de un millón de personas al año, viajando por Latinoamérica, viviendo mi sueño y siendo entrevistado en CNN, Univisión, Telemundo y Fox, entre otros.

Ese día, cuatro años atrás, estaba profundamente frustrado (emoción) con mi visión de vida y mi caminar. Tal y como lo cuento en mi libro *Despierta tu héroe interior*, estaba viviendo una vida aburrida (emoción). Había logrado lo que el «mundo» define como éxito: una casa grande, coches, viajes, etc. Pero dentro de mí me sentía vacío. A mi vida le faltaba aventura, riesgo y victoria. Necesitaba volver a vivir.

Y ese día tomé una decisión.

Y luego otra decisión, y luego otra, y luego otra, y luego otra.

Lo que me llevó de allá hasta acá fue eso: decisiones. Nada más, nada menos.

A mi vida le faltaba aventura, riesgo y victoria.
#tumomentoahora.com

Hubo largas noches en las que prefería irme a acostar que sentarme a escribir en mi blog, pero escribí, de todas maneras; o mientras mis compañeros de trabajo estaban disfrutando sus fines de semana en la playa, yo estaba escribiendo, o grabando, o leyendo, o pensando, decidí escribir, o grabar, o leer, o pensar, de todas maneras. Recuerdo noches cuando el estrés me llenaba mientras veía el reloj y no había terminado, para luego ver en mi ventana el sol saliendo y tener que ir a trabajar sin haber dormido. Pero decidí hacerlo, de todas maneras.

A mediados de 2016 tomé un avión a las doce de la madrugada para ir a Medellín, dar una conferencia y tomar de vuelta el avión de las doce de la madrugada, otra vez. Al aterrizar el avión a las cinco de la mañana, tomé mi vehículo y tuve que ir a la oficina para seguir trabajando. Pero decidí hacerlo, de todas maneras.

> **Tú eres el producto de tus decisiones.**
> #tumomentoahora.com

Cuando veo mi vida hacia atrás, tanto mis éxitos como mis fracasos, puedo detectar una serie de decisiones, buenas o malas, correctas o incorrectas, pero decisiones al fin, que me llevaron a donde estoy hoy.

Tú eres el producto de tus decisiones.

Tony Robbins, el *coach* #1 en la actualidad y autor de varios libros *bestseller*, dice que es en los momentos de decisión cuando tu destino es formado. Estoy totalmente de acuerdo.

Y el destino es lo que el ser humano siempre ha deseado controlar.

Aunque no soy de los que cree que el ser humano pueda controlar su destino de una manera absoluta (no hace falta ser muy inteligente para darse cuenta de que existe tanto que está fuera de nuestra área de influencia), en lo que sí estoy de acuerdo, y es mi objetivo principal para comunicar en este libro, es que nosotros podemos controlar nuestro destino emocional, y controlar nuestro destino emocional, como lo discutiremos a fondo más adelante, maximizará las posibilidades de convertirlo en nuestro destino real.

> **Controlar nuestro destino emocional, maximizará las posibilidades de convertirlo en nuestro destino real.**
> #tumomentoahora.com

¿Qué quieres tú de la vida? ¿Cuál es tu sueño?

Si reflexionas un poco en estas preguntas, te darás cuenta de que estás buscando un destino emocional, más que inclusive un destino real.

Por ejemplo, cuando las personas me dicen que quieren «ser millonarias», normalmente lo que están buscando es una emoción de seguridad (financiera) o de significancia (quieren sentirse importantes frente a ellas mismas o los demás). Cuando una persona me dice que quiere ser «libre financieramente», realmente está buscando sentir las emociones de certeza y control sobre su vida y cree que lo que le está impidiendo en ese momento sentirse en control, es la falta de dinero.

Si luego que definas tu sueño te preguntas ¿por qué? Y a esa respuesta le preguntas ¿por qué? Y así sucesivamente, te darás cuenta de que estás buscando una emoción: significancia, certeza, amor, conexión o variedad.

El dinero generalmente te da certeza y significancia; casarte y tener hijos te da conexión y amor; viajar por el mundo te da variedad, etc.

Entonces imagina que la máxima expresión de controlar tu destino emocional es poder sentir las emociones de felicidad, plenitud, certeza, variedad, conexión y amor, entre muchas, sin importar tu realidad externa.

> La máxima expresión de controlar tu destino emocional es poder sentir las emociones de felicidad, plenitud, certeza, variedad, conexión y amor, entre muchas, sin importar tu realidad externa.
> #tumomentoahora.com

Independientemente de si vas a ser millonario o no, ¿no quisieras ser feliz y pleno igualmente? O si la vida te juega una mala pasada con una enfermedad o un divorcio, ¿no quisieras ser capaz de sentir paz y optimismo durante el proceso? ¿Imaginas cómo sería tu vida si pudieras erradicar la ansiedad, la depresión, el odio, la falta de perdón, la rabia, la frustración, etc. de tu vida y vivir cada día lleno de amor, plenitud, optimismo y paz?

Es posible.

¿Qué son las emociones?

Son reacciones químicas que suceden en tu cuerpo y generan una sensación que percibes como un sentimiento.

Las personas tristes, depresivas o con ansiedad usualmente tienen una baja en un neurotransmisor llamado serotonina. Por el contrario, cuando el cerebro genera serotonina nos genera emociones asociadas con paz y optimismo. La dopamina es otro neurotransmisor asociado con sentirse feliz y realizado. ¿Alguna vez te has sentido feliz luego de hacer una sesión fuerte de ejercicio? Endorfinas. ¿Te sientes enamorado? La responsable es una hormona llamada oxitosina.

¿Cómo funcionan los antidepresivos inhibidores selectivos de la recaptación de serotonina (SSRI, por sus siglas en inglés)? Simplemente maximizan el tiempo en que la segregación de serotonina se mantiene en el cerebro. Más serotonina = menos depresión. (Agregando una gran cantidad de efectos secundarios negativos por supuesto).

> **La mente genera las emociones, que generan las decisiones, que definen nuestro destino.**
> #tumomentoahora.com

El objetivo no es tener una serie de pastillas (serotonina, dopamina, etc.) que tomemos diariamente para vivir una vida feliz, aunque creo que la ciencia un día llegará a crear eso, sino más bien entender cuáles son los procesos mentales que están disparando o inhibiendo la segregación de neurotransmisores y hormonas que producen las emociones correctas que nos permitirán tomar las decisiones correctas.

Este es el proceso de conquistar la mente.

La mente genera las emociones, que generan las decisiones, que definen nuestro destino.

Mente → Emociones → Decisiones → Destino

Todo comienza en la mente.

Una de mis pasiones siempre fue la bicicleta de montaña. Por horas me sumergía en las montañas del área donde crecí en Venezuela. Recuerdo que había un tramo específico que era sumamente difícil. Era una subida de tierra, bastante inclinada, que hacía prácticamente imposible subirla montado en la bicicleta (al menos para un novato miedoso como yo).

> **Todo comienza en la mente.**
> #tumomentoahora.com

Cuando atacas una subida en la bicicleta de montaña necesitas levantarte del asiento y sostenerte en los pedales. El objetivo es mover tu centro de gravedad lo más adelante posible (es decir, pegarte lo más posible al manubrio de la bicicleta) mientras pedaleas con fuerza en la subida.

El problema está en que en la medida que mueves tu centro de gravedad hacia adelante, quitas peso de la rueda trasera y pierdes tracción. La clave está en conseguir ese balance exacto en el que mueves tu centro de gravedad lo máximo posible pero sin perder la tracción de la rueda trasera. Por eso es tan difícil.

Con el tiempo, me di cuenta de que se me hacía cada vez más fácil hacer la subida completa. Al principio, intentaba un par de metros y luego tenía que bajarme y cargar la bicicleta por el resto de la subida. Pero poco a poco alcanzaba un metro más y otro más, hasta que estaba logrando con dificultad hacer la subida completa. Al pasar unos meses más, ya era pan comido.

Aunque me gustaría darme crédito por el desarrollo de mi habilidad (que sí hubo algo de eso), me di cuenta de que a medida que más y más ciclistas estaban intentando subir ese tramo, habían poco a poco nivelado la subida hasta el punto en que se hacía cada vez más sencilla.

Unos meses más tarde comenzó la construcción de un conjunto residencial en esa área que utilizábamos para montar bicicleta, y un tractor buldócer con una pala gigante niveló la subida de tierra al punto que subirla era increíblemente fácil.

Cuando terminaron la construcción y habían asfaltado la subida, hasta niños con triciclos la subían y bajaban varias veces mientras jugaban.

Lo que una vez requería un ciclista de montaña profesional ahora se había convertido en una subida que cualquier niño podía hacer. Esa subida que inició como un campo travieso llena de rocas, hoyos y raíces atravesadas, y con una inclinación desafiante, ahora era una calle nivelada y asfaltada.

En nuestro cerebro ocurre exactamente lo mismo. Son los llamados «patrones neuronales».

En nuestro cerebro se han ido creando «caminos» donde las señales eléctricas pueden trasladarse fácilmente, en consecuencia, si tienen que ir del punto A al punto B, prefieren escoger el camino de menor resistencia.

De ahí vienen los hábitos ¿No te ha pasado que haces cosas sin pensarlas, simplemente porque todos los días las haces así? Esos son patrones neuronales.

Sales un domingo en la mañana y sumergido en la radio o en tu canción favorita, tomas rumbo a tu trabajo sin recordar que hoy es domingo. O estacionas tu vehículo en un lugar diferente al usual, solo para darte cuenta en la tarde, cuando llegas al lugar usual, que no está ahí. Todos estos son patrones neuronales.

Tu cerebro no está diseñado para que tengas éxito o seas feliz. Tu cerebro está diseñado para dos cosas: supervivencia y mínimo consumo de calorías. Por ello, él mismo crea estos patrones neuronales que le permitan transmitir energía de la forma más eficiente posible.

> **Tu cerebro no está diseñado para que tengas éxito o seas feliz. Tu cerebro está diseñado para dos cosas: supervivencia y mínimo consumo de calorías.**
> #tumomentoahora.com

A pesar de que todos tenemos patrones neuronales que nos llevan a cepillarnos los dientes en la mañana sin pensarlo, o sumergirnos en una canción y poder llegar a nuestro trabajo sanos y salvos, existen muchísimos patrones neuronales que nos llevan a estados emocionales positivos o negativos.

Un niño o niña que creció en un hogar donde sus padres constantemente le decían lo inútil o fastidioso que era (lo cual lo llevaba a un estado emocional de tristeza, por ejemplo) crea patrones neuronales que lo llevan al mismo estado de tristeza de una manera muy eficiente.

Una persona que fue educada bajo el concepto de tener dinero es malo, o prefiero ser pobre que rica (porque los ricos son malos), etc., crea patrones neuronales que la llevan a generar las emociones que la hagan rechazar buenas oportunidades de negocio, o peor aún, la llevan a generar emociones que hacen que despilfarre grandes cantidades de dinero hasta que vuelva otra vez a ser pobre... porque el patrón neuronal que tiene es un pensamiento que indica que «ser rico es malo».

Esta serie de patrones negativos son denominados «pensamientos limitantes». Son pensamientos que han sido tallados en nuestra mente y que a nivel subconsciente creemos que son verdades, pero no necesariamente lo son.

Mi labor como *coach*, cuando me reúno con un individuo, es revelarle sus pensamientos limitantes. Es sacar los pensamientos limitantes a la luz y reemplazarlos con la verdad... porque...

La verdad los hará libres.

Ana es una mujer inteligente y bella que lamentablemente tuvo una mala experiencia con su primera relación de noviazgo: el joven, un tanto inmaduro, le fue infiel. Esto rompió el corazón de Ana y la mantuvo algo insegura por un tiempo hasta que se dio la oportunidad de comenzar un nuevo noviazgo con otro hombre que a los pocos meses la dejó por otra mujer. Este proceso de desilusión de Ana unido a malos consejeros la llevaron a desarrollar el siguiente pensamiento limitante: «Todos los hombres son iguales» (refiriéndose a que no son leales).

> **«Pensamientos limitantes», son pensamientos que han sido tallados en nuestra mente y que a nivel subconsciente creemos que son verdades, pero no necesariamente lo son.**
> #tumomentoahora.com

Los pensamientos limitantes se crean en nuestra mente por dos razones: repetición constante (similar al ejemplo de la bicicleta de montaña) o momentos emocionalmente intensos en nuestra vida (como los engaños que recibió Ana) o ambos.

El problema con el pensamiento limitante de Ana es que no es verdad: sí existen buenos hombres, millones. Pero al crear ese pensamiento limitante su mente siempre va a estar ahí por defecto y, en consecuencia, va a generar las emociones alineadas a ese pensamiento limitante que la llevarán a tomar decisiones alineadas con ese pensamiento limitante y que le darán un destino en línea con ese pensamiento limitante.

> **La verdad los hará libres.**
> #tumomentoahora.com

Lo que empezó a pasar con Ana fue lo siguiente: en la medida que aparecieron hombres buenos en la vida de Ana, ella no estaba interesada. Ella no sentía emoción, no tenía mariposas en el estómago, etc. ¿Por qué? Porque esos hombres no estaban alineados con el concepto de hombre (pensamiento limitante) que ella tenía.

La mente generaba las emociones (rechazo en vez de atracción) que la llevaban a tomar las decisiones (no salir con estos hombres) que la llevaban al destino de estar sola.

Pero lo más interesante fue cuando apareció este chico que desde lejos olía engañoso e infiel. Por supuesto que no lo podía juzgar solo por apariencias, pero tenía todas las características de querer aprovecharse de Ana en el corto plazo.

¿Qué pasó con Ana? Se «enamoró». Como el patrón de hombre se alineaba a su pensamiento limitante hubo conexión. La mente generó las emociones de «enamoramiento» que la llevaron a comenzar una nueva relación solo para ser traicionada una vez más.

En el momento que fue nuevamente traicionada, momento intenso emocionalmente, fortaleció aún más su pensamiento limitante: «todos los hombres son iguales». Y así sucesivamente, por el resto de su vida.

Hasta un momento, de profunda reflexión, en el cual pudimos revelar el pensamiento limitante a Ana. Ese día, cuando conscientemente entendió que su pensamiento limitante era incorrecto, y decidió reemplazarlo por la verdad, su vida cambió para siempre.

> **Los pensamientos limitantes se crean en nuestra mente por dos razones: repetición constante o momentos emocionalmente intensos en nuestra vida o ambos.**
> #tumomentoahora.com

Soy muy joven para comenzar un negocio. Soy muy viejo para comenzar a trabajar por mi sueño. No tengo la educación necesaria. Mi pareja no me apoya. Todos estos son pensamientos limitantes.

Los pensamientos limitantes son como un termostato en nuestra mente. ¿Qué hace un termostato? Regula la temperatura de un área. Por ejemplo, si colocamos el termostato en 72 grados Fahrenheit, y la temperatura llega a 74, el termostato enciende el aire acondicionado hasta volver a llevar la temperatura general a 72. Por el contrario, si la temperatura baja a 70, el termostato enciende la calefacción hasta volver a llevar la temperatura a 72.

> **Los pensamientos limitantes son como un termostato en nuestra mente.**
> #tumomentoahora.com

Los pensamientos limitantes hacen lo mismo en nuestra vida.

Por eso muchas veces sentimos que nos saboteamos a nosotros mismos y no sabemos por qué. Hay un pensamiento limitante a nivel subconsciente que nos está llevando de nuevo a lo que creemos que es la verdad, pero no necesariamente lo es.

> **Hay un pensamiento limitante a nivel subconsciente que nos está llevando de nuevo a lo que creemos que es la verdad, pero no necesariamente lo es.**
> #tumomentoahora.com

Un joven al que toda la vida le dijeron que era un fracasado y bueno para nada, continúa destruyendo su vida una y otra vez, sin importar las oportunidades que se le presentan, simplemente para, a nivel subconsciente, cumplir con lo que él cree que es verdad: un bueno para nada.

Samuel es un amigo que se dedicó a pastorear una iglesia. Llegó a ser muy exitoso como pastor y me consta de su amor por la gente y por Dios. Siempre recuerdo que cuando iban a pedir las ofrendas en la iglesia, él siempre afirmaba que por él ser fiel y generoso con su dinero a Dios y su obra, nunca le había faltado nada en la vida, y que Dios siempre le había dado lo que necesitaba, así fuera lo mínimo.

Aunque desde una perspectiva suena muy hermoso ver como alguien sostiene su fe en Dios en el área financiera, y está convencido de que Dios le ha provisto aunque sea lo mínimo, es posible que esta manera de pensar fuera un pensamiento limitante.

> **Muchas veces podemos detectar los pensamientos limitantes en nuestra vida cuando prestamos atención a las frases que decimos para justificar nuestra situación actual.**
> #tumomentoahora.com

De tanto repetirse y repetirse la «verdad» de que Dios le proveía lo mínimo por él ser fiel financieramente, se había convertido en un pensamiento limitante: Dios provee lo mínimo.

Tanto fue así que yo siempre lo conocí ajustado financieramente, con múltiples limitaciones financieras. Sin embargo, hubo una oportunidad y logró hacer un negocio magnífico, y de la noche a la mañana, le entró una inmensa cantidad de dinero.

Tres años más tarde, ya no tenía nada.

Ahora bien, este era un buen hombre y no despilfarró el dinero en cosas absurdas. Me consta que amaba profundamente a Dios y a su gente.

Simplemente estar en una situación de abundancia no estaba alineado con la creencia que él tenía de sí mismo y de la relación de Dios con él y el dinero. En consecuencia, hizo unos malos negocios unidos a unas malas decisiones, y lo perdió todo.

El termostato mental lo había llevado nuevamente a «su verdad»: uno debe vivir con lo mínimo.

Siempre contrasté esa situación con otro amigo que toda la vida creyó que Dios era un «Dios de abundancia». Ambos vivieron vidas totalmente diferentes.

Tener dinero es malo, o los ricos son malos, o tener dinero traerá envidia y mal a tu vida, son todos pensamientos limitantes. De hecho, muchas veces podemos detectar los pensamientos limitantes en nuestra vida cuando prestamos atención a las frases que decimos para justificar nuestra situación actual:

> **No existe fuerza mayor que la que hay en cada ser humano que lo obliga a convertirse en lo que él cree que es.**
> #tumomentoahora.com

- Prefiero estar solo y feliz que con alguien e infeliz. (¿No podemos estar con alguien y ser felices?).
- Prefiero ser pobre con salud que rico sin salud. (¿No podemos tener abundancia financiera y salud a la vez?).

Todas estas y muchas más son frases que desenmascaran nuestros pensamientos limitantes.

> **En lo que crees que eres, en eso te convertirás.**
> #tumomentoahora.com

No existe fuerza mayor que la que hay en cada ser humano que lo obliga a convertirse en lo que él cree que es.

En lo que crees que eres, en eso te convertirás.

¿Cuáles pensamientos limitantes te mantienen atado a la mediocridad y se están interponiendo entre tú y tus sueños?

Acá te dejo una lista de posibles pensamientos limitantes para que reflexiones al respecto:

No sabría ni por dónde empezar.

Ya es demasiado tarde.

No puedes querer el pastel y también cómertelo.

Yo no soy el tipo de persona que se automotiva.

Postergo todo el tiempo.

Tengo demasiadas responsabilidades.

Debería estar más lejos hoy en día.

Si elevo mis esperanzas, mi decepción será aún mayor.

Nunca ha funcionado antes.

No termino nunca nada.

Nadie lo ha hecho antes.

No soy organizada.

Nunca he podido manejar mi tiempo bien.

No soy suficientemente extrovertido / extrovertida.

No tengo seguridad en mí mismo / misma.

Si las personas realmente me conocieran, no les gustaría.

No me siento bien conmigo si no tengo la aprobación de las personas.

Yo nunca voy a ser feliz hasta que la otra persona (cónyuge, padres, hijos, examigos...) cambie.

Sería egoísta si antepongo mis necesidades a las necesidades de los demás.

Es egoísta disfrutar de la vida mientras que otras personas están sufriendo.

Nada realmente cambia.

Es mejor estar seguro que lamentarse después.

Realmente no soy una buena persona y no merezco ser feliz.

Siempre llego tarde.

Cocino horrible.

Dale a alguien una pulgada y se llevará una milla.

Los hombres / mujeres son débiles.

No puedes confiar en los hombres / mujeres.

De todas formas, el amor nunca dura.

Yo no tengo suerte.

Siempre me enfermo en invierno.

La vida es dura.

Soy demasiado gordo / delgado / bajo / alto / calvo / feo / joven / viejo...

No tengo suficiente tiempo / paciencia / educación / experiencia / habilidad / imaginación / talento...

Soy tan torpe / tonto / desconsiderado / fracasado / perdedor / cobarde / idiota /

Todos los cristianos / judíos / musulmanes / son...

Todos los asiáticos / latinos / afroamericanos / europeos / son...

El dinero es la raíz del mal.

El dinero está allí para gastarlo.

El rico se hace más rico y el pobre se hace más pobre.

Sencillamente no soy bueno con el dinero.

Mi familia nunca ha sido rica.

Mi familia siempre ha sido pobre.

Solamente hay dinero para lo esencial.

La única manera de obtener riquezas es trabajando duro.

El tiempo es dinero.

O eres rico o eres feliz.

O eres rico o tienes salud.

Es egoísta querer ser rico cuando hay tantas personas que son pobres.

Es mejor dar que recibir.

Si me hago rico mis amigos no sentirían lo mismo por mí.

¿Alguno de los pensamientos anteriores resonó contigo? Entonces, necesitas revelarles la verdad.

Y la verdad te hará libre.

Reprogramando tu mente

Nuestra mente está llena de pensamientos limitantes y patrones neuronales que no nos ayudan a alcanzar nuestro máximo potencial. Nos mantienen atados. Para conquistar nuestra mente necesitamos trabajar en reprogramarla. Solo así podremos generar las emociones correctas que nos llevarán a tomar las decisiones correctas que nos llevarán al destino que anhelamos.

Existen dos procesos que yo utilizo diariamente para reprogramar mi mente: la visualización y la autosugestión.

La visualización:

En mi libro *Despierta tu héroe interior* comento la siguiente historia[2] de Charles Duhigg, la cual relata en su libro *The Power of Habit* (*El poder de los hábitos*) y donde estudia el proceso que llevó a Michael Phelps a convertirse en el mejor nadador de la historia y el mayor ganador de medallas que haya existido jamás:

Michael Phelps empezó a nadar cuando tenía siete años para quemar un poco de energía que tenía a sus padres un poco locos. Un entrenador local llamado Bob Bowman detectó que Phelps podía llegar lejos. Su cuerpo, largo torso, piernas relativamente cortas y grandes manos, estaba diseñado para ser un gran nadador.

Pero Phelps tenía un problema, no se podía calmar antes de las carreras. Era muy nervioso.

El entrenador Bowman decidió darle algo que lo haría diferente: su ventaja competitiva. Le enseñó el poder de la visualización.

Todos los días, luego de su entrenamiento, le decía: no olvides ver el video esta noche y mañana en la mañana al despertarte.

La verdad es que no existía tal video. Bowman se refería a que Phelps tenía que visualizar la carrera en su mente. Todas las noches y cada mañana, Phelps cerraba sus ojos y se imaginaba saltando a la piscina, en cámara lenta, nadando perfectamente. Él visualizaba cada brazada, la vuelta y el final.

Michael Phelps repitió «su video» miles de veces en su mente.

Llegó el momento en que cuando competía, no pensaba. Simplemente seguía un programa. Había sido programado para ganar.

Si leíste la historia o recuerdas el evento, en agosto de 2008 Michael se lanzó a la piscina pero tuvo la mala suerte de que al entrar al agua sus lentes empezaron a llenarse de agua.

Sin embargo, a pesar de no poder ver nada, él estaba calmado.

Él siguió el programa, su video mental.

Nadie se dio cuenta de que Michael no podía ver. Ese día, no solo ganó el oro, sino que batió el récord mundial.

Todo estuvo en su mente, y su cuerpo reaccionó como se esperaba.

El proceso de visualización que estoy promoviendo no tiene nada que ver con la tendencia de visualizar lo que deseamos para que «el universo» nos lo conceda de alguna manera mágica. Yo me refiero a un proceso científico de reprogramación cerebral. Me refiero al desarrollo de patrones neuronales nuevos en nuestro cerebro que llevarán a nuestra mente a generar las emociones correctas (seguridad, creencia, optimismo, etc.) y en donde nuestro subconsciente estará constantemente buscando oportunidades para llevarlo a la realidad.

En el año 2000 tuve la oportunidad de viajar en un crucero por el Caribe con varios amigos, uno de ellos multimillonario. En ese viaje, me prestó un anillo de diamante valorado en varias decenas de miles de dólares.

Al principio me coloqué el anillo por unos minutos y se lo devolví. A lo cual él se negó y me pidió que lo utilizara durante todo el crucero.

Yo intenté devolvérselo nuevamente, me daba pánico tener un anillo que era muchas veces más costoso que todo mi patrimonio. Solo pensaba que si lo perdía, iba a tener que invertir una década en pagarlo de vuelta. Sin embargo, él insistió.

Las primeras horas con el anillo me sentía extraño, pero poco a poco empecé a pensar menos en él y al cabo de tres días ya no lo quería devolver (obviamente).

Lo interesante de toda la experiencia fue lo que este amigo me dijo. Su interés era elevar mi mente a un nuevo nivel de posibilidades que no creía que existieran para mí. Lo importante no era el anillo o un rolex, o saltar de un avión o caminar sobre brasas ardiendo; lo importante era transformar mi manera de pensar, desarrollar creencia y salir de la experiencia con un nuevo límite en mi termostato mental.

Por eso el mejor proceso de visualización, cuando es posible, es salir a tocar tu sueño. Es lo más cercano a la realidad que puedes experimentar que tiene un impacto real en tu mente.

Visita el lugar donde sueñas vivir, tómate un día de vacaciones y vívelo como si no tuvieras trabajo (si eso es algo que quieres), móntate en un carro que te guste, busca sentirte a gusto con la realidad que sueñas para que tu mente crea que es verdad para ti.

Si sueñas vivir en la playa o en la montaña tienes entonces que ir tantas veces que tu mente las asocie como tu nuevo hogar. Viaja, toca, conoce, prueba; cada interacción contribuye con el proceso de reprogramación. Siéntate en la silla de la oficina de tu presidente o director si ese es el puesto que quieres. Párate en la tarima de un teatro vacío pero imagínalo lleno mientras tu cantas, bailas o hablas.

El segundo nivel de visualización es crear una cartelera con tu visión y tus sueños. Escoge una pared en tu cuarto, un pedazo del espejo de tu baño o tu nevera, y coloca fotos de tus sueños y tu visión de vida. Tu familia, tus hijos, tus sueños: playas, montañas, paisajes, alguna casa en particular, tu cuerpo como lo deseas tener, personas que deseas ayudar, una foto de la portada de un libro con tu nombre como autor, etc.

> **Crear una cartelera con tu visión y tus sueños.**
> #tumomentoahora.com

Arma tu vida en un pedazo de papel.

El solo proceso de verlo diariamente y enfocarte en ello, mientras esté asociado a emociones positivas, fortalecerá el proceso de reprogramación que necesitas hacer.

El tercer y último proceso de visualización, y el más importante, es el proceso diario de visualización pura. Es el momento en el cual cierras tus ojos y conscientemente visualizas con poder el estado a donde quieres llegar.

Cada mañana salgo a caminar por la zona donde vivo y, entre otras cosas, hago un profundo proceso de visualización de tres a cinco minutos. Este proceso comienza en mí, se expande en forma de espiral a mi alrededor (mis hijos) y continúa expandiéndose a mi familia, mis amigos, conocidos y la humanidad.

No necesariamente visualizo todos los días lo mismo, hay días en que estoy por lanzar un proyecto al mercado y visualizo lo más cercano que puedo la experiencia real del proceso de ventas, la aceptación de mis clientes, las transacciones y hasta todo el dinero que se generó en mi cuenta. Literalmente imagino que estuviera en frente de mi computador en la página de mi banco viendo el monto en mi cuenta bancaria.

Otros días visualizo a mi familia, saludable, riendo y jugando. En otras ocaciones visualizo cómo progresa mi carrera profesional y dando una presentación que impacta la vida de las personas. Visualizo mis plenarias, personas siendo transformadas, etc. Me visualizo saludable, con energía, feliz, riendo, con amigos valiosos, en paz.

La clave del proceso es la siguiente: mientras más cercana hagas la experiencia mental a la realidad, más comenzarás a sentir las emociones reales que sentirías en una experiencia real, y el proceso de reprogramación mental es más poderoso.

> **El solo proceso de verlo diariamente y enfocarte en ello, mientras esté asociado a emociones positivas, fortalecerá el proceso de reprogramación que necesitas hacer.**
> #tumomentoahora.com

Te darás cuenta de que algunos días soltarás una lágrima de felicidad, otros días te reirás de alguna situación y las personas pensarán que estás loco; pero necesitas aprender a «vivir» las experiencias a través de la visualización. Ahí yace la clave.

Al igual que en el momento que a Michael Phelps se le llenaron los lentes de agua, y su consciente y subconsciente tomaron control y lo llevaron a romper el récord mundial, igualmente te sucederá a ti porque... tu momento es ahora.

La afirmación positiva:

A los 18 años comencé a construir un negocio de venta directa. Necesitaba construir una plataforma de personas que junto a mí vendieran el producto y la oportunidad de negocio. Por ser mi naturaleza bastante

> **Mientras más cercana hagas la experiencia mental a la realidad, más comenzarás a sentir las emociones reales que sentirías en una experiencia real, y el proceso de reprogramación mental es más poderoso.**
> #tumomentoahora.com

enfocado en los resultados y en mi «éxito», veía cada interacción como una oportunidad de crecer y llegar a mis metas, a mis objetivos.

Uno de mis mentores al momento me indicó que necesitaba ver a cada miembro de mi equipo con amor y no como una herramienta para lograr mi éxito. Y aunque sonaba muy bonito, la realidad era que dentro de mí deseaba el éxito. Mi naturaleza no era «amar» a las personas, sino lograr los objetivos, y a todos nos iría bien.

> **Tu momento es ahora.**
> #tumomentoahora.com

El problema está en que todo seguidor necesita sentirse amado por su líder. Como dicen: «A las personas no les importa lo que tú sabes hasta que saben que tú les importas». Sin embargo, ¿cómo hacía si no «sentía» amor por las personas a ese nivel?

Tal y como hablamos antes, el sentir que amas a alguien es una emoción controlada por la mente. Si logras reprogramar la mente, puedes sentir amor por algo o alguien.

Igualmente eso no lo sabía para el momento. Sin embargo, un día llegó a mis manos el libro *El vendedor más grande del mundo*. En ese libro, el autor te invita a leer unos pergaminos individualmente, tres veces al día por treinta días. Y el primero que comencé a leer fue el llamado «El pergamino del amor». En este proceso me aprendí de memoria segmentos como estos:

> **El sentir que amas a alguien es una emoción controlada por la mente. Si logras reprogramar la mente, puedes sentir amor por algo o alguien.**
> #tumomentoahora.com

... ¿Y cómo procederé? Amaré a todas las clases de hombres porque cada uno tiene cualidades dignas de ser admiradas aunque quizás estén ocultas. Derribaré la muralla de sospecha y de odio que han construido alrededor de sus corazones, y en su lugar edificaré puentes para llegar por ellos a sus almas.

Amaré al que tiene ambiciones porque podrá inspirarme; amaré a los que han fracasado porque pueden enseñarme. Amaré a los reyes porque son solo humanos; amaré a los humildes porque son divinos. Amaré a los ricos porque sufren la soledad; amaré a los pobres porque son tantos. Amaré a los jóvenes por la fe a que se aferran; amaré a los ancianos por la sabiduría que comparten. Amaré a los hermosos por sus ojos de tristeza; amaré a los feos por sus almas saturadas de paz...

... ¿Y cómo me enfrentaré con las personas con quienes me encuentro? De una sola manera. En silencio y en mi fuero interno me dirigiré a él y le diré que le amo. Aunque dichas en silencio estas palabras se reflejarán en mis ojos, serenarán mi frente, harán que una sonrisa se asome a mis labios, y harán eco en mi voz; y su corazón se abrirá...

... De aquí en adelante amaré a toda la humanidad. Desde este momento todo el odio ha sido extraído de mis venas porque no tengo tiempo para odiar, sólo tengo tiempo para amar...[3]

El pergamino completo lo leí una y otra vez. Tres veces al día. Siete días a la semana. Me lo aprendí de memoria. Pero lo más impresionante fue que poco a poco comencé a sentir amor por las personas. Realmente dentro de mí algo comenzó a cambiar y me di cuenta de que estaba colocando a las personas primero. Me interesaban sus historias, sus sueños, sus problemas, sus intereses. Toda la pasión que tengo hoy para transformar a las personas y llevarlas a alcanzar su máximo potencial viene de un amor profundo a la humanidad; y ese amor nació en este proceso.

Fue muy poderoso para mí el proceso de autosugestión. De leerme y repetirme cosas que quería que fueran realidad, como si fueran realidad, aunque para el momento no lo fueran. Ahí nació mi pasión por la afirmación positiva.

Si podía transformar mi corazón de la manera que lo había hecho leyendo un texto sobre el amor, podría transformar mis miedos en valentía, mi tristeza en felicidad y mi

> **Si podía transformar mi corazón de la manera que lo había hecho leyendo un texto sobre el amor, podría transformar mis miedos en valentía, mi tristeza en felicidad y mi desconfianza en mí mismo en una seguridad plena de lo que podría llegar a ser.**
> #tumomentoahora.com

desconfianza en mí mismo en una seguridad plena de lo que podría llegar a ser.

Entonces creé una afirmación positiva que leo cada día. Es un documento vivo (puede cambiar a medida que mis intereses cambian) donde escribo todo lo que quiero ser, como si ya lo fuera.

Algunos fragmentos que quiero compartir de mi afirmación positiva te los dejo a continuación:

Soy saludable y lleno de energía. Mi cuerpo está sano y me siento cada día más joven y con más entusiasmo. Disfruto mucho ejercitarme.

¿Por qué crees que coloqué «Disfruto mucho ejercitarme»? Porque naturalmente no me gusta ir al gimnasio o hacer ejercicios. Pero tanto lo he repetido que reprogramé mi mente, la cual ahora crea las emociones correctas (ganas de ir al gimnasio) que me llevan a tomar las decisiones correctas (hacer ejercicio) que me llevan al futuro que deseo (sentirme sano y lleno de energía). En vez de solo enfocarme en la fuerza de voluntad de ir al gimnasio, al reprogramar mi mente y tener las ganas reales de ir (emociones) todo se hace más fácil. Te dejo otro segmento de mi afirmación positiva:

Vivo una vida con abundancia financiera, tengo negocios que funcionan automáticamente generando gran cantidad de ingreso pasivo, lo que me permite vivir una vida de libertad.

¿Qué pasa cuando reprogramas tu mente de esta manera? Mi consciente y mi subconsciente están constantemente buscando oportunidades de generar ingreso pasivo (ingreso que llega aunque yo no esté presente). En el momento que alguien me presenta una oportunidad, por más que sea inmensamente lucrativa, que me ate a un horario o que me haga esclavo del proceso, automáticamente la rechazo. ¿Por qué? Porque mi mente genera las emociones correctas (rechazo a algo que te esclavice financieramente) que me llevan a tomar las decisiones correctas. Por el contrario, puedo estar trabajando meses sin paga, invertir mi tiempo y dinero, en oportunidades que creo me generarán ingreso pasivo a largo plazo (por ejemplo, este libro). No me canso, no me desmotivo, puedo estar trabajando horas, meses y años sin ver un centavo; pero mi mente está reprogramada para buscar este tipo de oportunidades. Un segmento más:

Soy feliz. Siempre estoy en un estado emocional de abundancia y plenitud. El futuro me llena de optimismo y el agradecimiento que tengo por el presente me llena de felicidad. Veo la gracia frente a mis ojos cada momento. Yo soy agradecimiento.

Esta es una de mis partes favoritas. Si existe algo que quiero lograr en la vida es estar feliz en todo momento. Sin importar las circunstancias, poder estar en un estado de felicidad, abundancia, optimismo y plenitud. ¿Por qué me lo repito diariamente? Porque al igual que tú, tengo problemas familiares, con mis hijos, en el trabajo, en mi negocio, de salud. He entendido que todos vamos a tener problemas toda la vida, pero podemos ser felices en el proceso.

Como veremos más adelante con mayor profundidad, ser una persona agradecida por el presente y optimista sobre el futuro son dos de los pilares de la felicidad. Por eso me aseguro de colocarlo y leerlo diariamente.

Y finalmente «Soy una persona bendecida por Dios» tiene un objetivo claro: entender que la gracia de Dios está en todo lo que hago. Uno de los errores que uno puede cometer en su camino al éxito es que puedes llegar a creer que eres la gran cosa. La realidad es que existen cientos de variables que te ayudarán o te desviarán de tu camino al éxito, y muchas de ellas no dependen de ti: el hogar donde naciste, la educación que tuviste cuando niño, alguna persona que te prestó un dinero y te abrió alguna puerta o te presentó a una persona influyente. Es decir, todos hemos tenido golpes de «suerte» en nuestra vida. Yo los llamo «la gracia». Algo que vino de afuera, que no dependió de ti, pero te llevo un centímetro más cerca de tus sueños.

> **Ser una persona agradecida por el presente y optimista sobre el futuro son dos de los pilares de la felicidad.**
> #tumomentoahora.com

Esta manera de pensar te mantendrá siempre humilde porque entenderás que no eres la gran cosa, sino que hay algo más pasando alrededor que te está empujando o ayudando de vez en cuando. Nunca olvides «la gracia» en tu vida.

Entonces, ¿qué debería hacer? Me alegra que preguntes:

Tu afirmación positiva.

Cuando la leas, cada día, ponle pasión y visualización. No leas solo por leer. Crea una historia en tu mente. Visualiza lo que dices. Une las palabras con el enfoque (visualización), con la emoción que sientes siendo lo que dices una realidad. Mientras más emocionalmente inmerso estés y tu visualización sea más real, más rápidamente reprogramarás tu cerebro.

Concluyendo este proceso de reprogramación mental, estas son las herramientas que te ayudarán en el proceso:

> **Mientras más emocionalmente inmerso estés y tu visualización sea más real, más rápidamente reprogramarás tu cerebro.**
> #tumomentoahora.com

Visualización:
- Sal a tocar tus sueños. Crea situaciones en las cuales te acostumbres a la vida que sueñas tener.
- Haz una cartelera con fotos de tu visión de vida y sueños. Colócala en un lugar donde puedas verla cada día.
- Visualiza de tres a cinco minutos cada día. Conecta la visualización con las emociones que sentirías si ese momento fuera una realidad para tu vida.

Autosugestión:
- Crea una afirmación positiva y léela cada día. Visualiza cada palabra. Crea una historia en tu mente. Vívela.

Era el 10 de febrero de 1990. Estaban en el noveno *round* y solo faltaban poco más de diez segundos para acabarse. James «Buster» Douglas acababa de caer al suelo completamente desconcertado luego de que el campeón del mundo, el gran Mike Tyson, con una serie de golpes que solo Tyson es capaz, lo había enviado a la lona.

Nadie logra levantarse luego de que Mike Tyson lo tira a la lona. Sin embargo, James «Buster» Douglas logra pararse en el límite, todavía desconcertado, y es salvado por la campana.

La pelea estaba acabada. Todos daban a Mike Tyson como el ganador. Sabían que al comenzar el décimo *round* Mike Tyson entraría con todo para terminar lo que había comenzado. James «Buster» Douglas estaba mal. No podría recuperarse.

Comenzó el décimo asalto, y tal como se esperaba, Mike Tyson entró con toda la agresividad para atacar a un hombre desconcertado, haciendo lo posible por mantenerse en pie.

James «Buster» Douglas comenzó a medir a Mike con unos golpes cortos para, casi milagrosamente, darle un gancho al mentón de Mike Tyson que lo tira de forma definitiva a la lona.[4]

A Mike Tyson le cuentan sus diez y James «Buster» gana la pelea. Nadie creía lo que acababa de pasar. Muchos llaman a esta pelea la gran decepción de la historia del boxeo. ¿Cómo «Buster» Douglas había podido ganar? ¿De dónde había sacado la fuerza para tumbar a Mike Tyson? Esto nunca había pasado antes.

¿Qué pasó en ese momento entre el noveno y décimo *round*?

Menos de un mes atrás, la madre de James «Buster» Douglas había muerto. Pero no solo eso, sino que su madre había dicho públicamente que James le ganaría a Mike Tyson.

En ese momento, entre el noveno y décimo round, James «Buster» Douglas recordó a su madre afirmando su victoria. Él sabía que si perdía su madre habría muerto como una mentirosa; si ganaba, las palabras de su madre serían inmortales, trayendo consigo la misma inmortalidad de ella. O moría con su madre o vivía con ella. Esa fue su decisión.

Pensar en eso no le dio más tiempo de entrenamiento, no le dio más inteligencia ni le quitó fuerzas a Mike Tyson, pero sí destapó un caudal de energía ilimitada en su mente. Este cambio y convicción mental transformaron el desconcierto, dolor físico y cansancio en seguridad, optimismo y fortaleza. El poder de su mente lo llevó a la victoria, y le dio a su madre un pedazo de inmortalidad.

El poder de la mente.

Conquista la mente.

Conquista la mente y conquistarás tu mundo; conquista tu mundo y conquistarás al mundo.

En una escena de la clásica novela de Steven Pressfield de Alejandro Magno, *The Virtues of War* [Las virtudes de la guerra], el conquistador se encuentra en el medio del camino con un filósofo que, luego de solicitarle que se apartase, éste se niega a retirarse del camino. Uno de los hombres de Alejandro le dice al filósofo: «¡Este hombre ha conquistado el mundo—refiriéndose a Alejandro Magno —¿Qué has hecho tú?». A lo que el filósofo le responde con completa seguridad: «Yo he conquistado la necesidad de conquistar al mundo».[5]

Luego Ryan Holiday en su libro *The Daily Stoic* [El diario estoico] comenta al respecto: «El filósofo era mucho más poderoso que el hombre más poderoso del mundo, porque, contrario a Alejandro Magno, él tenía menos necesidades.

Ambos pudieron verse a los ojos y lograr ver quién verdaderamente tenía control sobre sí mismo, quién realmente había logrado el dominio propio necesario para un poder real y duradero».

Ryan Holiday cierra diciendo: «Tú puedes alcanzar lo mismo: simplemente buscando el poder desde adentro y no desde afuera».[6]

CAPÍTULO 2

CONQUISTA TU CUERPO

OTRA NOCHE MÁS EN LA CUAL ME DESPERTABA EMPAPADO DE SUDOR. EL SUDOR SE hacía tan frío que ya no podía mantenerme en la cama. A despertarme en la madrugada, otra vez, a cambiarme de ropa para acostarme nuevamente.

Solamente para volverme a despertar horas más tarde por la misma razón.

Algo no estaba bien. Esto estaba pasando noche tras noche. Unido a esto estaba totalmente decimado en mis niveles de energía, estaba perdiendo peso. Las cosas no estaban bien.

El médico me detectó algo extraño en mi cuello que terminaron siendo unos tumores en mi tiroides que, días más tarde, un examen de ultrasonido pudo constatar.

De ahí una biopsia un par de semanas más tarde con unos resultados que me llegaron cuando estaba de viaje en diciembre y que no pude entender. Al colocar los resultados en Google me enfrenté a la posibilidad de tener cáncer.

Recibir esa noticia antes de las navidades sin un doctor con quién hablar no te da mucha paz. Como son las cosas en Estados Unidos, tenía mi cita para principios de enero, donde el doctor me traduciría los resultados a mi lenguaje mortal.

Cada momento en esas navidades me preguntaba *¿Tendré cáncer o no? ¿Estará creciendo, expandiéndose? ¿Cómo será mi próximo año?* A todo esto, no quería contarle a mi familia para no dañarles sus navidades. Ya en enero sabría la verdad y les contaría a todos.

Llegó el 13 de enero y ahí estaba, sentado en un banquillo esperando al doctor especialista. Cada segundo era como un minuto y cada minuto era como una hora. Por fin llegó, se sentó al lado mío y me dijo:

—Necesitamos extraerte la tiroides completa.

—¿Qué? ¿Qué pasó? ¿Por qué? —Todas estas preguntas venían a mil por hora.

—Tus resultados son inconclusos —me dijo—. Tienes rastros de células precancerígenas y también conseguimos células con resultados inconclusos... No sabemos si tienes cáncer o no. Mi recomendación es operar y extraer toda la tiroides cuanto antes.

Cuarenta y ocho horas después estaba en el quirófano para someterme a una operación que resultó muy exitosa.

En paralelo a este proceso, había comenzado a sufrir una fuerte depresión unos meses antes, en parte relacionado con problemas de segregación de hormonas de la tiroides, y en parte por unos problemas que no esperé jamás y no pude manejar correctamente: me golpearon, me sacaron el aire y me tiraron al piso por casi un año de mi vida. Me atrevería a decir que fue el momento más oscuro que jamás había vivido.

En esos momentos de oscuridad y desesperación me sumergí en la búsqueda de una solución para salir del problema. Sabía que una gran parte tenía que ver con mi mente y la psicología, que discutimos en el capítulo anterior, pero comencé a aprender que había una razón física en mi cerebro y en mi cuerpo. Fisiológicamente estaba ocurriendo algo que me tenía en la lona o contra las cuerdas, y si atacaba eso, podría salir a flote y superar la situación.

Comencé a investigar sobre el cerebro, la flora bacteriana, suplementos, salud, dietas, etc. Me enamoré del proceso de conocer mi cuerpo y entender qué estaba pasando y cómo sanar mi cuerpo a la vez que sanaba mi mente. Entendí que para conquistar lo interno no solo había que conquistar la mente, sino el cuerpo también.

Un cuerpo sano maximiza tu energía, tu creatividad, tu capacidad de innovación, las emociones positivas que te colocan en estados de plenitud, etc. Tener un cuerpo sano es clave para lograr el éxito, sea cual sea la definición de éxito para ti.

Para entender cómo conquistar tu cuerpo es importante entender el epicentro de todo en tu cuerpo: la energía. Al final todo es energía: cómo la obtienes (transformas elementos externos en energía para tu cuerpo, como los alimentos) y cómo la utilizas (qué tan eficiente es tu cuerpo para utilizar la energía en los procesos correctos). Imagina que tu cuerpo fuera como un motor, mientras más lubricado esté, mientras sus piezas estén alineadas, y la gasolina (o cualquier otra fuente de energía) sea más pura, pues mejor andará el motor hoy y en el futuro.

> Un cuerpo sano maximiza tu energía, tu creatividad, tu capacidad de innovación, las emociones positivas que te colocan en estados de plenitud.
> #tumomentoahora.com

Otra cosa interesante es que aunque el proceso de entender cómo funciona nuestro cuerpo es muy complejo, el proceso de sanarlo y conquistarlo es bastante sencillo. Las acciones que necesitas tomar para sanar tu cerebro, paralelamente sanan tu flora bacteriana y tu sistema cardiovascular, entre otras cosas.

Aunque este no es un libro sobre la salud o de dietas o ejercicios, si trataré de transmitir los conceptos básicos que te llevarán a conquistar tu cuerpo al nivel necesario de maximizar tu energía y tu longevidad. Por supuesto, siempre recomiendo consultar con tu médico antes de hacer cualquier cambio en tu dieta o rutina de ejercicios.

A lo largo de los años hemos visto cientos de dietas diferentes, cada una con el secreto único que hará la diferencia. También hemos vistos cambios significativos en las recomendaciones dietéticas por los expertos de nuestro tiempo. Existen diversas razones que no nos han permitido llegar a «la verdad» de lo que es lo correcto y lo que no; en muchos casos han sido simplemente campañas de mercadeo sin

> Las acciones que necesitas tomar para sanar tu cerebro, paralelamente sanan tu flora bacteriana y tu sistema cardiovascular, entre otras cosas.
> #tumomentoahora.com

basamentos científicos correctos, falta de regulación, etc. Pero la realidad es que los descubrimientos que están surgiendo en la actualidad en las áreas del cerebro, la energía, la flora intestinal, etc. nos están dando luz sobre el verdadero norte que necesitamos tomar para desarrollar un cuerpo sano.

Los dos enemigos principales de tu salud

Si pudiera resumir de una forma sencilla qué es lo que necesitas para tener un cuerpo sano, me referiría a dos enemigos de tu salud: los picos glicémicos y la inflamación. Estos dos procesos son los que dañan nuestro organismo, visto de una manera sencilla y simplificada.

Los picos glicémicos suceden cuando te «alimentas» de carbohidratos procesados (que luego se transforman en glucosa) o azúcares (que básicamente ya son glucosa). En el momento que los ingieres, el organismo rápidamente los transforma en glucosa (fuente de energía principal de nuestro cuerpo) y hacen que suban tus niveles de glicemia. Estos picos de glicemia te llenan de energía de una forma temporal. También segregan sustancias en tu cerebro que te hacen sentir bien. El problema está en que son «energía» vacía que se consume rápidamente y hace que tus niveles de glicemia se desplomen drásticamente creando una falta de energía. Al sentirte cansado o decaído, el cerebro manda la señal para que busques más energía, lo cual hace que te den esos «antojos» de media mañana o media tarde, y vuelvas a consumir carbohidratos procesados (panes, galletas, pastas, rosquillas, etc.) o azúcares (refrescos, caramelos, jugos, etc.).

Y el ciclo comienza nuevamente.

Ahora bien, el problema mayor no está en el hecho de que estés encadenado al ciclo de comida → pico de glicemia (energía y sentirse bien) → desplome (cansancio) → comida → pico de glicemia..., sino que cada vez que tu cuerpo genera glucosa, tu páncreas genera una sustancia llamada insulina. Esta sustancia permite guardar en las células la glucosa no utilizada, primordialmente en forma de grasa, para uso futuro. Cuando este ciclo se repite una y otra vez, las células pueden perder su sensibilidad a la insulina, haciendo cada ves más difícil absorber la glucosa y bajar los niveles de azúcar en la sangre. El proceso continuado de esta desensibilización de las células obliga al páncreas a producir más insulina y puede llegar a convertirse en un caso de diabetes tipo 2.[1]

El proceso es bastante predecible: te alimentas con carbohidratos procesados o azúcares, se convierten rápidamente en glucosa, el páncreas segrega insulina, las células guardan el exceso en forma de grasa (aumentas de peso), luego de un tiempo tus células se hacen resistentes a la insulina, los niveles de azúcar en la sangre se mantienen altos, y se llega al triste diagnóstico de una diabetes tipo 2 u otros problemas cardiovasculares.

Para hacer el panorama aún más desolador, el doctor David Perlmutter, neurólogo en Estados Unidos, escribe en su libro *Cerebro de pan* que en un estudio japonés de más de mil hombres y mujeres, determinaron que las personas con diabetes tenían el doble de probabilidades de desarrollar Alzheimer en los quince años posteriores a la aparición de la enfermedad. También eran 1,75 veces más propensas a desarrollar demencia.

Se cree que el proceso por el cual aumentan las posibilidades de Alzheimer o demencia es el proceso de inflamación.[2]

El segundo enemigo de tu salud es la inflamación.

Estamos acostumbrados a ver los procesos de inflamación en nuestro cuerpo como algo normal. Nos golpeamos y podemos ver cómo el organismo genera inflamación para proteger el área afectada. Lo mismo sucede si un insecto nos pica. La inflamación protege el área afectada y es un mecanismo de defensa de nuestro organismo.

El proceso de inflamación suele ser algo temporal. Sin embargo, al convertirse en un proceso continuo, hace que ciertas toxinas creadas en el proceso de inflamación se transfieran al torrente sanguíneo creando otra serie de problemas. Estas toxinas «intoxican» las células, lo cual disminuye su función celular seguido de la destrucción de la célula.

Por ejemplo, cuando el organismo detecta altas dosis de insulina en la sangre (debido al ciclo explicado anteriormente) responde al estrés mediante un proceso de inflamación. Cuando diariamente te alimentas con carbohidratos y azúcares, generas un proceso de inflamación de forma constante. Es decir, adicionalmente al problema del pico de azúcar y la resistencia a la insulina (que te puede llevar a una diabetes tipo 2), también estás generando procesos de inflamación constante afectando las células de tu cuerpo.

> ## Si quieres acabar con los dos enemigos de tu salud (los picos glicémicos y la inflamación) debes eliminar de tu dieta los azúcares, los carbohidratos procesados y el gluten.
> #tumomentoahora.com

Uno de las partes de tu cuerpo donde más preocupa la inflamación es el cerebro. De ahí que los científicos estén poco a poco conectando los problemas de inflamación con enfermedades neurológicas como la depresión, demencia e inclusive el Alzheimer.

Uno de los principales causantes de la inflamación es el gluten. Aunque la mayoría de la población no es celíaca (alérgicas o sensibles al gluten), el mismo causa inflamación porque nuestro organismo lo detecta como una sustancia tóxica.

El gluten se encuentra principalmente en el trigo y sus derivados: panes, muffins, donuts, pasta, etc. El mismo es una sustancia que conecta los receptores de morfina en tu cerebro luego de disolverse en tu estómago.

El gluten es adictivo.

Por eso, si quieres acabar con los dos enemigos de tu salud (los picos glicémicos y la inflamación) debes eliminar de tu dieta los azúcares, los carbohidratos procesados y el gluten (normalmente al eliminar los carbohidratos procesados automáticamente estás eliminando los derivados del trigo, es decir, el gluten).

Los dos mejores amigos de tu salud

Si rompemos relaciones con nuestros enemigos necesitamos buscar nuevos amigos con los cuales estar. El primer mejor amigo que necesitas es *la grasa*.

—¿La grasa? —preguntas tú.

—Sip. La grasa.

Durante toda mi vida me enseñaron que el secreto para una dieta sana y bajar de peso era disminuir los carbohidratos (porque se transforman en grasa) y la grasa. Obviamente si quieres quemar la grasa en tu cuerpo para bajar de peso deberías minimizar tu consumo de grasa. Pero la realidad es otra.

Uno puede vivir toda su vida consumiendo pocos carbohidratos; las grasas, por el contrario, son esenciales para nuestra supervivencia. Son las grasas, y no los carbohidratos, el combustible preferido de nuestro cuerpo, y especialmente de nuestro cerebro.

Este es mi segundo libro publicado en dos años. Ambos los he escrito mientras mantengo mi trabajo como ejecutivo en una Fortune 500 que me toma las mejores horas de mi día, también mantengo una plataforma en línea visitada por más de un millón y medio de personas cada año, produzco un podcast, doy conferencias y soy papá de dos bellos hijos: Benjamín David y Eliana Sofia.

¿Cómo es posible tener un trabajo demandante en una Fortune 500 y poder hacer todo lo demás en paralelo?

Muy sencillo: energía.

El secreto no es buen manejo del tiempo (aunque es importante y lo discutiremos en un capítulo más adelante). El secreto es el manejo de la energía.

¿De qué te sirve colocar en tu agenda que vas a trabajar en escribir tu libro, o practicar tu instrumento musical, o leer sobre tu pasión, o planificar tu negocio todas las noches comenzando a las nueve de la noche si a esa hora estás destruido y quieres irte a dormir? ¿No sería ideal tener la energía —física y mental— al máximo para poder aprovechar cada segundo de tu día al máximo en alcanzar tus sueños?

El secreto es el manejo de la energía, y tu cuerpo prefiere las grasas que los carbohidratos para darte la energía. Mejor aún, tu cerebro, el cual es el órgano más grasoso del cuerpo, necesita grasa para funcionar mejor. Imagina que la grasa funciona como un lubricante de tu cerebro que maximiza el proceso de producción de energía en las células.

Y lo triste es que a la mayoría nos han vendido la idea de que consumir grasas es malo para nuestro organismo y tenemos a nuestro cuerpo y cerebro funcionando como un motor sin aceite, sin grasa.

> **El secreto es el manejo de la energía, y tu cuerpo prefiere las grasas que los carbohidratos para darte la energía.**
> #tumomentoahora.com

Entonces, primero quiero que te hagas amigo de las grasas, específicamente las que yo llamo grasas saludables. Estas son: aceite de coco (y su derivado aceite MCT), aguacate, aceite de oliva, mantequilla de vacas que comen pasto, entre otras.

Entre las grasas saludables está el omega 3. Tratando de explicar y simplificar toda esta historia de los omegas 3 y 6, lo importante es lo siguiente: el omega 3 es un desinflamatorio, el omega 6 es un inflamatorio. El omega 3 se consigue en las plantas, en consecuencia, cuando comes mantequilla, quesos, carnes de animales que comen pasto, la grasa es alta en omega 3 (lo cual es bueno). El omega 6 se encuentra en los granos, en consecuencia, cuando comes carnes de animales que han sido alimentados con maíz, por ejemplo, la grasa es alta en omega 6. También cuando comes productos que vienen de los granos (carbohidratos), son altos en omega 6, lo cual contribuye al proceso de inflamación.

Debido a que la mayoría de lo que consumimos son carbohidratos, y las carnes provienen de animales que fueron alimentados con maíz, nuestros niveles de omega 6 son mucho más altos de lo normal y existe un desbalance entre omega 3 y omega 6. En el momento que cortas los carbohidratos de tu dieta y comienzas a comer carnes de animales que comen pasto o peces silvestres, aumentan los niveles de omega 3 en tu cuerpo, vuelves al balance, y disminuyes el proceso de inflamación. Para darte un poco de perspectiva, nuestros ancestros comían de cinco a diez veces más omega 3 de lo que comemos nosotros en la actualidad.

Las grasas saludables son más que tus amigas, las necesitas.

Otra información interesante de comer grasas mientras cortas los carbohidratos es que tu cuerpo necesita una nueva forma de conseguir energía. En el momento que cortas los azúcares y carbohidratos, la glucosa ya no es la fuente de energía. En ese momento el cuerpo necesita comenzar a utilizar la grasa como fuente de energía. La grasa de tu cuerpo se transforma en lo que se llaman *ketones* y entras en un estado *ketogénico*.

Una persona entra en este estado ketogénico cuando agota las reservas de glucosa en su cuerpo. Para entrar en estado ketogénico

> **Las grasas saludables son más que tus amigas, las necesitas.**
> #tumomentoahora.com

necesitas consumir aproximadamente un setenta y cinco por ciento de las calorías de tu dieta de grasas saludables, un veinte por ciento de proteína y un cinco por ciento en carbohidratos.

Quiero recordarte que es sumamente importante que consultes con tu médico antes de cambiar tu dieta, especialmente si quieres moverte a una dieta ketogénica.

Ahora bien, ¿qué beneficios tiene, adicionalmente al incremento de energía, el estar en un estado ketogénico?

En primer lugar, bajas de peso. ¿Quieres quemar grasas? Pues es el mejor estado para quemar grasas. Tu cuerpo está utilizando las grasas (no la glucosa) para conseguir energía. En consecuencia, va a utilizar tus reservas de grasa (especialmente la barriguita) para transformarla en energía y mantener el funcionamiento del cuerpo.

> **Para entrar en estado ketogénico necesitas consumir aproximadamente un setenta y cinco por ciento de las calorías de tu dieta de grasas saludables, un veinte por ciento de proteína y un cinco por ciento en carbohidratos.**
> #tumomentoahora.com

Otro beneficio que me llama mucho la atención es el progreso que se ha conseguido en el área del cáncer. Hasta ahora sabemos que las células cancerígenas se nutren de la glucosa. Existen estudios muy interesantes que muestran cómo las células cancerígenas se «mueren de inanición» en un estado ketogénico porque no son capaces de nutrirse de ketones (debido a mutaciones en la mitocondria). En consecuencia, puede ayudar enormemente en los procesos de lucha contra el cáncer. Existen muchos estudios en este campo en la actualidad y, aunque no hay una dirección definitiva, se ven muy prometedores.

¿Has escuchado alguna vez de los beneficios del ayuno? (Dejar de comer por un período de tiempo. Solo consumir agua). Pues cuando ayunas entras en un estado ketogénico. Luego de varias horas sin consumir alimentos, el cuerpo consume todas sus reservas de glucosa y comienza a utilizar la grasa para mantener el cuerpo en funcionamiento.

Adicionalmente, algo interesante y muy beneficioso pasa cuando estás en un estado ketogénico. ¿Alguna vez has comenzado una dieta y a media mañana o tarde sientes un profundo deseo de comer algún dulce? Esos «antojos» ocurren porque tu cerebro envía la señal de que necesitas más energía (glucosa) y por eso te pide cosas dulces o de fácil conversión a glucosa (como panes). Cuando estás en un estado ketogénico, como tu cerebro se acostumbra a utilizar grasas para la energía, se eliminan de tu vida los antojos. Puedes caminar por una tienda de donuts o panecillos y no sientes ningún deseo de comer porque tu cerebro ya no lo asocia con energía. Por ello, luego de llegar al estado de ketosis, es un estilo de vida bastante sencillo de mantener porque no te provocan los carbohidratos y los azúcares nunca más.

> ## El otro mejor amigo de tu salud es el ejercicio.
> #tumomentoahora.com

El otro mejor amigo de tu salud es el ejercicio.

No necesito convencerte de que el ejercicio es bueno para tu salud, especialmente para tu sistema cardiovascular. Estoy seguro de que eso ya lo sabes. Pero ¿sabías que existe una conexión entre la capacidad cognitiva, la inteligencia, la memoria y los ejercicios? Pues sí. Sí existe algo maravilloso para tu cerebro, adicionalmente a tenerlo lubricado con grasas saludables, y es darle un poco de ejercicio.

Hacer ejercicio aumenta tus niveles de energía durante el día, permite que duermas mejor (otro aspecto indispensable para tu salud), y la segregación de endorfinas hace que te sientas feliz y realizado.

El conocimiento científico de hace un par de décadas indicaba que a partir de la madurez, las neuronas (células cerebrales) no podían reproducirse. Es decir, luego de un momento en nuestra vida, en nuestro cerebro poco a poco iban muriendo neuronas a medida que envejecíamos.

> ## Existe un proceso llamado *neurogénesis*, el proceso de creación de nuevas neuronas.
> #tumomentoahora.com

Nuevos descubrimientos han echado al piso esa teoría. De hecho ahora existe un proceso llamado *neurogénesis*, el proceso de creación de nuevas neuronas. Y ¿cuál es una de las maneras más efectivas de generar nuevas neuronas y patrones neuronales? Haciendo ejercicio.

El doctor David Perlmutter comenta:

El ejercicio es una de las formas más potentes de cambiar tus genes. El ejercicio aeróbico en particular no solo activa los genes ligados a la longevidad sino que también se enfoca en el gen de la producción del BDNF, la «hormona del crecimiento» del cerebro. Para ser más específico, se ha demostrado que el ejercicio aeróbico aumenta los niveles de BDNF, revierte el deterioro de la memoria de los ancianos e incrementa la producción de nuevas neuronas en el centro de la memoria del cerebro. El ejercicio no es solo cuestión de verse bien y fortalecer el corazón, sino que quizás sus efectos más influyentes ocurren en silencio, en el ático donde reside nuestro cerebro.[3]

La mayor excusa de las personas para no hacer ejercicio es la falta de tiempo. Te pido que me creas en esto: trabajo todos los días desde las ocho de la mañana hasta las seis y treinta de la tarde como ejecutivo de una Fortuna 500, he escrito dos libros en los últimos dos años, mantengo un blog y un podcast con más de millón y medio de visitas, tengo dos hijos, he lanzado al mercado varios cursos por internet que han cambiado la vida de cientos de personas, viajo constantemente como *speaker* y soy *coach* de un grupo selecto de individuos; y a pesar de eso, hago ejercicio. Sería imposible mantener todo lo demás si no hiciera ejercicios al menos tres veces a la semana. Por otro lado existen cientos de miles de personas que tienen un trabajo pero no tienen tiempo para nada más. Sin embargo, disfrutan las series televisivas famosas de horario estelar o se conocen al detalle las noticias porque invierten dos o más horas de su día frente al televisor, o Facebook, o Instagram, o etc. La vida se trata de decisiones. Tus decisiones, que luego crearán tu destino.

Ahora bien, yo no tengo mucho tiempo para hacer ejercicios. Hay días que solo dedico de quince a veinticinco minutos. Si lo haces de una forma efectiva, no necesitas más. Yo recomiendo

> **La vida se trata de decisiones. Tus decisiones, que luego crearán tu destino.**
> #tumomentoahora.com

hacer dos tipos de ejercicios: levantamiento de pesas y ejercicio aeróbico. Puedes alternar los días para cada uno. Levantamiento de pesas es necesario tanto para los hombres como para las mujeres. En la medida que haces crecer el músculo, el metabolismo mejora y eres capaz de quemar más grasas en el largo plazo. Sobre el ejercicio aeróbico, enfócate en intervalos. Es decir, ciclos de mayor intensidad seguidos por ciclos de baja intensidad. Por ejemplo, si vas a caminar por veinte minutos, lo mejor es caminar rápido por tres minutos y luego caminar lento por dos, para luego comenzar de nuevo. Lo mismo si estás trotando o en la bicicleta. Como regla general es bueno tres minutos de mayor intensidad de lo que te es cómodo y luego dos minutos de menor intensidad para recuperarte. Los resultados serán magníficos. Por supuesto que si eres una persona que ama hacer ejercicios y tienes el tiempo, puedes hacerlo por más tiempo y con programas más estructurados. Simplemente acá doy una guía general para la persona común y corriente que solo tiene unos pocos minutos de tres a cuatro veces a la semana para hacer ejercicio.

Constantemente recibo correos electrónicos a través de mi blog donde personas me manifiestan que están sumidos en una depresión y que nada los motiva. ¿Sabes cuál es mi consejo inmediato? Sal a hacer ejercicios inmediatamente. Tony Robbins salió de una depresión mientras corría en la noche hacia su casa después que lo había dejado el autobús, y en menos de dos años era financieramente libre. Tim Ferriss salió de un estado suicida haciendo ejercicios en un gimnasio local. Hal Elrod salió de una profunda depresión mientras trotaba una mañana, y meses después era un autor *bestseller*.

> **Como regla general es bueno tres minutos de mayor intensidad de lo que te es cómodo y luego dos minutos de menor intensidad para recuperarte.**
> #tumomentoahora.com

Investigadores han comparado los efectos de antidepresivos como Zoloft contra los ejercicios. Inclusive personas que hacían poco ejercicio (treinta minutos de una caminata rápida tres veces a la semana) tuvieron los mismos resultados que los pacientes que tomaron el medicamento. Unido a esto, los pacientes que tomaron el medicamento tuvieron una serie de efectos secundarios negativos y muchos recayeron en depresión meses más tarde. Las personas que ejercitaban, triplicaron los resultados de los que fueron medicados respecto a los individuos que se mantuvieron fuera de depresión meses después del experimento.

Stephen Ilardi, médico PhD y autor del libro *The Depression Cure* [La cura de la depresión], comenta lo siguiente:

Existen ya más de 100 estudios publicados que documentan los efectos antidepresivos del ejercicio. Actividades como caminar, montar bicicleta, trotar y levantar pesas han sido muy efectivas. También queda claro cómo lo hacen. El ejercicio cambia el cerebro. Incrementa la actividad de importantes sustancias en el cerebro como la dopamina y la serotonina (los mismos químicos afectados por antidepresivos como Zoloft, Prozac y Lexapro). El ejercicio también aumenta la producción de la hormona BDNF. Debido a que los niveles de esta hormona se hunden en una depresión, algunas partes del cerebro se encogen con el tiempo, y el aprendizaje y la memoria son negativamente afectados. Pero el ejercicio reversa esa tendencia, protegiendo al cerebro de una forma que nada más puede.[4]

Recuerdo que esto fue lo primero que hice en el momento más oscuro de mi depresión. Todos los días salía a trotar al menos treinta minutos. Lo segundo que hice fue incrementar mi dosis de omega 3 (lo discutimos anteriormente). Como estaba viviendo en Cincinnati, donde en época de invierno no ves el sol, también comencé a suplementarme con vitamina D3. Estas tres cosas unidas al proceso de conquistar la mente que comenté en el capítulo 1, me llevaron a dejar atrás la depresión para más nunca volver.

Los procesos químicos que ocurren en nuestro cuerpo que generan los picos glicémicos, la inflamación e incluso la neurogénesis son profundamente complejos, y mi intención no era explicarlos detalladamente en este capítulo. Algunos de ellos no los entiendo a la perfección. Mi objetivo era tratar de simplificar los conceptos y darte una perspectiva sobre tu salud en dos enemigos: picos glicémicos e inflamación; y dos mejores amigos: grasas saludables y ejercicios.

Para llevarlo a la práctica, te quiero dejar una lista de tus enemigos, y de tus amigos:

Enemigos:

Carbohidratos procesados:

- Harina y sus derivados (pan, pasta, dulces)
- Azúcar
- Sodas
- Jugos (son básicamente pura azúcar)
- Cerveza
- Vino blanco
- Galletas, donuts, etc.

Gluten:

El gluten es encontrado en el trigo, centeno, cebada y cualquier otro alimento hecho con estos granos.

Estos incluyen:

- Harina blanca
- Trigo candeal
- Harina de Graham
- Triticum
- Trigo Kamut
- Espelta
- Germen de trigo
- Salvado de trigo

Alimentos que son usualmente hechos con trigo incluyen:

- Pasta
- Cuscús
- Pan
- Tortillas de harina
- Galletas
- Muffins
- Bollos de pan (bizcochuelos)
- Pastelitos
- Cereales
- Galletas integrales

- Cervezas
- Avena
- Salsa de jugo de carne
- Aliños
- Salsas varias

Estos son alimentos que normalmente (aunque no parezca) contienen gluten:
- Caldos en sopas y cubitos de sopa concentrados
- Pan rallado y crutones
- Alimentos fritos (porque son empanizados, por ejemplo los nuggets de pollo)
- Imitación de cangrejo (ejemplo en el sushi)
- Jamonadas y perros calientes
- La mayoría de las papas fritas y los caramelos
- La mayoría de los aliños comerciales para ensaladas
- Salsa de soya (usar salsa de soya Tamari en vez de la regular)

Mejores amigos:
Grasas:
- Aceite de coco (o su derivado aceite MCT)
- Aceite de oliva
- Mantequilla de vacas que comen pasto
- Aguacate
- Frutos secos como nueces, almendras, anacardos, pistachos o nueces de macadamia
- Huevos
- Carnes de animales criados con pasto al aire libre
- Pescados grasos como el salmón (*wild salmon*)
- Cacao

Ejercicios:
- Caminar treinta minutos cinco veces a la semana
- Levantar pesas
- Deporte o cualquier ejercicio aeróbico

Recuerda que el primer paso de tu camino al éxito se llama «Conquistando lo interno». No hay manera que puedas tener un éxito sostenido si no logras conquistar tu mente y tu cuerpo. El mundo está lleno de hombres y mujeres millonarios pero llenos de ansiedad y depresión, o personas que luego de amasar una gran fortuna, tienen un accidente cerebrovascular que los deja afectados permanentemente o, peor aún, un ataque cardíaco que los acaba. Toda una vida «construyendo» el éxito para ser esclavo de emociones negativas o dejarlo todo para ir temprano a la tumba.

No aquí, no en tu caso.

Por eso comprométete hoy a desarrollar un estilo de vida saludable y conquistar tu cuerpo.

> **No hay manera que puedas tener un éxito sostenido si no logras conquistar tu mente y tu cuerpo.**
>
> #tumomentoahora.com

CAPÍTULO 3

EL ESPÍRITU

ESCRIBIR ACERCA DEL ESPÍRITU ES UNA TAREA DIFICILÍSIMA. ME SOMETO A LA posibilidad de molestar a muchos. La razón es porque muchos unen la «espiritualidad» con la «religión». Mi objetivo no es inmiscuirme en temas religiosos ni apoyar o desacreditar tus creencias al respecto. Cuando hablo de «espiritualidad» me refiero a todo lo demás que no se ve ni se toca, que no es la mente o el cuerpo. La espiritualidad es el proceso de entender la conexión que tenemos cada uno de nosotros con el otro y con algo superior (algunos lo llamarán Dios, o la vida o el universo, etc.).

El proceso de la evolución espiritual del ser humano desarrolla en nosotros conexiones basadas en estados emocionales como el amor, la compasión, el agradecimiento, la paz, la paciencia y la bondad, entre otros. Si estudiamos las religiones más grandes del mundo, podremos ver cómo cada una de ellas, a su manera, nos invitan a desarrollar estos estados emocionales hacia otros. Por eso creo que la «espiritualidad» es algo arreligioso, es algo más elevado que una religión en particular, es un común

> **La espiritualidad es el proceso de entender la conexión que tenemos cada uno de nosotros con el otro y con algo superior.**
> #tumomentoahora.com

denominador que habla el mismo idioma independientemente de las creencias religiosas individuales.

Era diciembre de 2016 y estaba en una sala con otras tres mil personas aprendiendo de Tony Robbins, el *coach* #1 del mundo. Una mujer se levanta para intervenir. Lo que pasó después movió los cimientos de entendimiento de la espiritualidad.

> La «espiritualidad» es algo arreligioso, es algo más elevado que una religión en particular.
> #tumomentoahora.com

Esta mujer parecía un tanto nerviosa al comenzar a contar su historia. Era de esperarse. Cuatro años antes un hombre asesinó a su hija de dos años mientras dormía en su cuna, con dos disparos en la espalda.

Ese hombre era el padre biológico de la niña.

Luego él mismo incendió la casa e intentó suicidarse.

Esta mujer estaba contando su historia desgarradora cuatro filas delante de mí. Tres mil quinientas personas estaban en un silencio absoluto y lo único que veías eran lágrimas en cada una de las personas alrededor. Nadie estaba preparado para escuchar una historia así.

En ese momento, tres mil quinientas personas vivieron un pedacito del sufrimiento que pasó esta mujer. En el momento que contaba la historia, yo sentía un dolor profundo en mi corazón . Probablemente tú lo sientas en este momento si te imaginas, lo más vívido posible, este escenario.

Este dolor trajo entre todos, tres mil quinientas personas, una conexión espiritual que solo se explica si estás ahí. Inmediatamente se desarrolló en nuestro corazón un estado emocional de profunda compasión.

Porque el dolor nos une.

El éxito impresiona, pero el dolor nos une... a nivel espiritual.

Ese día fui testigo de cómo Tony pudo llevarla del estado de tristeza y desesperación a, primeramente, perdonarse a ella misma (por alguna razón siempre se cuestionó que si hubiera estado ahí, su hija no hubiera sido asesinada), y luego llegar a un estado de comprometerse, por la memoria de su hija, a hacer del mundo un lugar mejor.

> El éxito impresiona, pero el dolor nos une... a nivel espiritual.
> #tumomentoahora.com

Recuerdo ver, y sentir físicamente, cómo cientos de personas le enviaban amor, y cómo todos estábamos conectados por este «algo» que no tiene barreras de religión, raza, nivel económico, geografía, etc., que es el amor.

Crecer espiritualmente es conectar con tu esencia, y la manera en que he logrado hacerlo es a través de la meditación. No existe nada que me haya ayudado en mayor grado a desarrollar paz, compasión (por mí primeramente y luego por otros), amor, etc.

Si hay algo que te recomiendo ampliamente es que dediques al menos diez minutos al día a la meditación.

La meditación es un proceso en el cual entrenas el «músculo» del ahora. Constantemente estamos enfocados en los problemas, las urgencias y el mañana. Entre los teléfonos inteligentes, las redes sociales, los correos electrónicos y los problemas naturales de nuestro trabajo, negocio o familia, pasamos nuestros días sin estar presentes en el ahora.

Normalmente las personas tienden a enfocarse la mayoría del tiempo en el pasado o en el futuro.

Existen personas que todo el tiempo están pensando en los días aquellos, cuando todo era mejor, más barato y más seguro. O peor, se enfocan constantemente en los errores y caídas del pasado llenándose de tristeza, arrepentimiento e inclusive depresión. Otro grupo de personas están tanto tiempo reviviendo mentalmente golpes, caídas e inclusive traiciones del pasado, que no pueden perdonar o no lo pueden dejar ir.

> **La meditación es un proceso en el cual entrenas el «músculo» del ahora.**
> #tumomentoahora.com

Hay otro grupo de personas que siempre están angustiadas por el futuro, toda su energía mental está dirigida a lo que van a hacer mañana, el éxito que van a lograr mañana. O peor aún, se llenan de miedo por las posibilidades de fracasar mañana, o de enfermarse, o de estar en un terremoto o en medio de un tornado. Este es un grupo que está lleno de ansiedad.

En mi experiencia, las personas mayormente son de uno de estos dos grupos: atrapadas en el pasado o atrapadas en el futuro.

Nunca serás feliz si eres preso de alguno de estos tiempos.

Por supuesto que el pasado es importante para recordar hermosos momentos, ver fotos e inclusive aprender de los errores para no volverlos a cometer.

Y también tener optimismo hacia el futuro ta da una visión clara y unas metas emocionantes que te llenan de energía.

Pero cuando digo que estás preso del pasado o del futuro me refiero a que literalmente tu mente te domina y te mantiene en un estado de tristeza, depresión y nostalgia... o ansiedad, estrés y miedo.

> **Nunca serás feliz si eres preso de alguno de estos tiempos.**
> #tumomentoahora.com

La única manera de liberar la mente de esta situación es entrenándola para enfocarse en el ahora, es crear conciencia del momento actual y experimentarlo al máximo.

El problema está en que los estados emocionales de amor, compasión, paz y agradecimiento solo se pueden experimentar en el ahora. ¿Recuerdas cuando vistes a tu amado o amada? En el momento que tuviste el sentimiento más profundo de amor, estabas presente en el ahora. ¿El momento más hermoso cuando te sentiste agradecido por la vida, tus hijos, tu pareja o la gracia de Dios? Estabas en el presente, en el ahora. ¿No te ha pasado alguna vez que estás en un lugar con tu familia, o con unos amigos, y de repente sientes como que quisieras congelar ese momento para siempre?

Eso es hiperconciencia del presente, del ahora.

> **La única manera de liberar la mente de esta situación es entrenándola para enfocarse en el ahora, es crear conciencia del momento actual y experimentarlo al máximo.**
> #tumomentoahora.com

En ese momento, tu mente no piensa en el pasado y no piensa en el futuro. En ese momento tu mente está enfocada en el ahora. Todo su enfoque y energía está en ese magnífico momento que está pasando frente a tus ojos. Ese proceso mental desarrolla una hipersensibilidad en alguno de tus sentidos: la vista, la audición, el tacto, el olfato o inclusive, el gusto.

La razón principal por la cual no tenemos experiencias espirituales es porque tenemos nuestra mente divagando cada segundo de nuestra vida, y no estamos presentes en el ahora.

La meditación es lo mejor para ejercitar la mente y desarrollar conciencia del presente.

Meditar es un proceso bien sencillo, existen cientos de maneras de hacerlo. La manera que recomiendo es cerrando los ojos y enfocándote en la respiración. Mientras te enfocas en la respiración (bien sea que te enfocas en cómo el aire entra por tu nariz, o cómo tu estómago se expande y comprime) notarás que tu mente se perderá en pensamientos, tareas por hacer y problemas.

No te preocupes. Simplemente vuelve a traer el enfoque a la respiración.

> **La razón principal por la cual no tenemos experiencias espirituales es porque tenemos nuestra mente divagando cada segundo de nuestra vida, y no estamos presentes en el ahora.**
> #tumomentoahora.com

La mayoría de las personas dejan la meditación porque se frustran de que la mente nunca se queda tranquila. El objetivo inicial de meditar no es que la mente se quede tranquila, sino aprender a detectar cuándo está tranquila y cuándo no, y aprender a llevarla al enfoque nuevamente.

El gran problema es que las personas están en la vida caminando con la mente como loca, divagando, pero no están conscientes de lo que está sucediendo. Por eso, el simple hecho de poder diferenciar cuándo la mente está enfocada en la respiración y cuándo no, es un gran aprendizaje de la meditación.

Luego de un tiempo te darás cuenta de que eres más rápido en detectar cuándo tu mente divaga, y mejor aún, sin forzarla, dejas que los pensamientos vengan y se vayan, en paz.

Recuerda nuevamente que el objetivo de la meditación (al menos al principio) no es acallar la mente. Tratar de acallar la mente a la

> **La meditación es lo mejor para ejercitar la mente y desarrollar conciencia del presente.**
> #tumomentoahora.com

fuerza es como tratar de enseñar inglés a un burro, pierdes tu tiempo y molestas al burro. El proceso comienza con tan solo crear la consciencia de cuándo estás enfocado y cuándo no, luego, cómo puedes traer la mente de nuevo al enfoque (aunque segundos después vuelva a divagar), y poco a poco te darás cuenta de cómo logras pasar más y más tiempo en enfoque.

> **El objetivo inicial de meditar no es que la mente se quede tranquila, sino aprender a detectar cuándo está tranquila y cuándo no, y aprender a llevarla al enfoque nuevamente.**
> #tumomentoahora.com

En la medida que practicas la meditación diariamente te darás cuenta de que se abrirán nuevas oportunidades de experimentar la hiperconciencia del presente. Por ejemplo: si antes de probar un platillo, te dijeran que fue hecho por el chef más famoso del mundo, ¿qué harías? Estoy seguro de que te concentrarías en el momento en que lo colocas en tu boca para experimentar al máximo cada sensación. ¿Qué tal si haces lo mismo para cada comida? Otro ejemplo, si te dijeran que tu hijo o hija se van a un viaje de un año durante el cual no los podrás ver, pero antes de irse, puedes tener una cena con ellos, ¿qué harías? Estarías conectado al teléfono o tendrías cada segundo de atención en ellos, mirándolos a los ojos, exprimiendo cada segundo del momento. ¿Por qué no lo practicas igualmente? Todos estos ejercicios te ayudan a lo mismo: desarrollar el «músculo» del ahora.

¿Cuál es el objetivo final de este proceso de entrenar la mente en el ahora? Estar presente (porque al final el presente es todo lo que tienes) y desarrollar los estados emocionales que son fruto del espíritu: compasión, amor, paz, agradecimiento, paciencia, bondad, plenitud, etc.

> **En la medida que practicas la meditación diariamente te darás cuenta de que se abrirán nuevas oportunidades de experimentar la hiperconciencia del presente.**
> #tumomentoahora.com

Cuando estás constantemente en estados de paz, agradecimiento por el presente y amor, no puedes estar en estados de ansiedad, estrés y depresión. Tampoco ira y envidia. Estos estados emocionales no pueden coexistir.

Adicionalmente desarrollarás mejores relaciones con tu familia, amigos, compañeros de trabajo. No hay nadie que no se beneficie de una interacción contigo si siempre estás presente en el momento.

En la medida que estudiaba la meditación desde un punto de vista arreligioso y más científico, me llevé la grata sorpresa de que el proceso de meditar tiene un sinfín de beneficios adicionales a los que comenté anteriormente. Todos soportados por evidencia científica.

En Bélgica, el profesor Filip Raes, de la Facultad de Psicología y Ciencias Educacionales de KU, realizó un estudio que demostró que los estudiantes que fueron sometidos a un proceso de meditación eran significativamente menos propensos a depresión y ansiedad luego de seis meses en el proceso.[1]

También me llamó mucho la atención que un grupo de neurocientíficos de Harvard determinaran que luego de un programa de ocho semanas de meditación, los participantes tuvieron un crecimiento en la zona de materia gris que está encargada del aprendizaje, la memoria, la regulación de emociones y la perspectiva. Este descubrimiento fue validado por scans MRI [imágenes de resonancia magnética] que les hicieron a los participantes y al grupo control.[2]

> Cuando estás constantemente en estados de paz, agradecimiento por el presente y amor, no puedes estar en estados de ansiedad, estrés y depresión.
> #tumomentoahora.com

Otro estudio en la Universidad de California (UCLA), realizado por la profesora Eileen Luders y sus colegas, determinó que las personas que meditan desarrollaban un crecimiento en una zona del córtex del cerebro que está asociada con la inteligencia, mejor toma de decisiones y el procesamiento de información.[3]

Por otro lado, la Escuela Médica de Harvard demostró que practicar la meditación regularmente mejoraba la producción energética en la mitocondria de las células, desarrollando un aumento en el sistema inmunológico.[4]

Es decir, te enfermas menos. De hecho el estudio concluyó que disminuyes la probabilidad de enfermarte en un cincuenta por ciento.

No quiero aburrirte, pero tampoco quiero dejar de pasar esto:

Un estudio en la Universidad de Stanford determinó que luego de nueve semanas de meditación, los participantes tuvieron un aumento significativo en los niveles de compasión de tres maneras: compasión hacia sí mismos, recibir compasión de otros y compasión hacia otros.[5]

¿Recuerdas cuando comenté que la meditación es una herramienta poderosa para desarrollar los estados emocionales del espíritu? Comprobado por más de diez científicos de Stanford.

Existen cientos de estudios como estos y cientos más que se están haciendo mientras escribo estas páginas. La meditación, aunque relacionada con diversas religiones por su práctica milenaria, tiene beneficios mucho más que espirituales, como en tu cuerpo, tu salud y tu mente.

> La meditación, aunque relacionada con diversas religiones por su práctica milenaria, tiene beneficios mucho más que espirituales, como en tu cuerpo, tu salud y tu mente.
> #tumomentoahora.com

O será que al final... ¿Todo es espiritual?

¿Cómo sería tu vida si tuvieras control de la mente, el cuerpo y el espíritu? ¿Qué pasaría si desarrollaras hábitos y prácticas que te permitieran mantener estos tres pilares de tu vida al máximo? ¿Existiría algún límite para lo que puedes alcanzar?

No hay límites.

CAPÍTULO 4

LAS CUATRO NECESIDADES DE TODO SER HUMANO

DIEGO LO TENÍA TODO A SUS PIES Y POSEÍA UN INMENSO POTENCIAL DELANTE DE ÉL. Nació en una familia pudiente y con los recursos para darle todo lo que necesitaba. Fue a las mejores escuelas y obtuvo todo lo que quiso a medida que crecía. En la adolescencia las cosas comenzaron a cambiar. Diego empezó a asociarse con un grupo de nuevos amigos con malos hábitos y, años más tarde, ya era uno de los líderes más fuertes de las pandillas más criminales y asesinas de su ciudad. ¿Qué le pasó a Diego? ¿Cómo, con todo el potencial y la oportunidad que tenía frente a sus pies, decidió por ese camino de violencia y criminalidad?

Te cuento ahora de Jim, un líder religioso que amaba profundamente el llamado de Dios para construir y hacer crecer su iglesia. Este hombre se dedicó por décadas a los demás y se entregó por completo. Un hombre que amaba a su familia y era ejemplo frente a toda la congregación, fue descubierto en un burdel con una prostituta a la cual, se supo después, frecuentaba desde hacía años.

O que tal ese amigo, que todos tenemos uno, que siempre necesita dominar las conversaciones y hacer notar que tiene un mejor automóvil que tú, que tuvo una mejor vacación que tú o que sus hijos son los más inteligentes o los mejores atletas de la escuela. O esa mujer que es constantemente abusada verbal o físicamente por su pareja, pero que por alguna razón prefiere mantenerse en el abuso que dar el paso y liberarse saltando a lo desconocido.

Todos estos comportamientos son predecibles y universales. Podemos cambiar los nombres, las situaciones y la gravedad del asunto, pero todos hemos experimentado o hemos visto de cerca a alguien experimentar situaciones como estas. Autosabotearse y tirar oportunidades a la basura por algo peor, traicionar a alguien, buscar sentirnos más que otra persona o retrasar decisiones porque le tenemos miedo a lo desconocido. No son situaciones únicas, son universales.

La razón es que cada una de estas situaciones es la consecuencia de la búsqueda de llenar una de las cuatro necesidades humanas.

Todo ser humano, hombre o mujer, niño o adulto, de diferentes naciones, color de piel, orientación sexual, etc., está buscando llenar cuatro necesidades básicas: significancia (el deseo de sentirse importante), conexión (el deseo de conectar con otros, dar y recibir conexión y amor), seguridad (el deseo de controlar el futuro) y variedad (el deseo de tener sorpresas).

Todos estamos buscando llenar estas necesidades. Cada uno las está buscando llenar en una prioridad diferente, pero todos las necesitamos llenar. Para una persona la seguridad puede ser más importante que la significancia (por eso puede que invierta toda su vida en un trabajo que no la llena ni tiene opciones de crecer por el simple hecho de que es una empresa sólida que le ofrece un buen plan de retiro), y para otra la variedad puede ser más importante que la conexión (por ello puede saltar de pareja en pareja buscando la euforia de una nueva «relación», pero en el momento que las cosas se tornan más serias, pierde el interés y va tras su próxima relación).

> **Para cada uno la prioridad es diferente, pero las necesidades son constantes.**
> #tumomentoahora.com

Para cada uno la prioridad es diferente, pero las necesidades son constantes. Por otro lado, existen maneras positivas de llenar una necesidad, como también maneras negativas de llenar la misma necesidad. Una persona puede buscar llenar la necesidad de significancia (el deseo de sentirse importante) estudiando y preparándose con excelencia (manera positiva), mientras otra persona puede llenar la misma necesidad humillando a los demás y haciéndoles ver el porqué es mejor que ellos (¿alguna vez has tenido un jefe así?). Ambos individuos están buscando llenar la misma necesidad, solo que de maneras diferentes.

Las cuatro necesidades de todo ser humano

1. Significancia

Todos tenemos la necesidad de sentirnos importantes, de sentirnos suficientemente buenos. De hecho la pregunta primordial en la mente de todo ser humano es: ¿soy lo suficientemente bueno? Constantemente estamos buscando aprobación de otros: nuestro mentor, nuestros padres, nuestra pareja o nuestro jefe. Queremos sentirnos importantes, útiles, indispensables.

Tal como comenté anteriormente, existen maneras positivas de llenar esa necesidad, y también existen maneras negativas y tóxicas de llenarla.

Ejemplos positivos:

> **Todos tenemos la necesidad de sentirnos importantes, de sentirnos suficientemente buenos.**
> #tumomentoahora.com

- La persona que estudia disciplinadamente y trabaja duro para tener éxito en su empresa.
- Los padres que dan el ejemplo a sus hijos de disciplina y esfuerzo para convertirse en los héroes de sus hijos.
- La persona que dedica su vida a una causa de bien para la humanidad como la cura de una enfermedad, o sacar comunidades de la esclavitud o la pobreza, etc.
- La persona que trabaja incansablemente por la paz y tiene como sueño ganarse el premio Nobel de la Paz.

Aunque la motivación real de estos casos es en cierto modo egoísta (su motivación es sentirse importantes), digamos que los resultados son de bien a otras personas. Por ello los catalogo como positivos.

Existen, por otro lado, personas que necesitan llenar la misma necesidad, pero lo hacen de una forma negativa. Por ejemplo:

- El empleado que hunde a sus compañeros de trabajo para resaltar como el mejor.
- El jefe que se aprovecha del trabajo de sus empleados para lucirse frente a sus superiores.
- El amigo que siempre domina las conversaciones y muestra que su vida y sus experiencias son las mejores.

> Queremos sentirnos seguros al saber lo que va a pasar y que estamos preparados para ello.
> #tumomentoahora.com

- El hombre o la mujer que mantiene a su pareja sin oportunidades para dar la imagen de ser el mejor, el proveedor y el líder.
- La persona que se aprovecha de su fuerza física, su poder o un arma para someter a otro.
- Todos estos son ejemplos de personas que están buscando significancia.

2. Seguridad

También todos tenemos una necesidad y el deseo de conocer el futuro. Queremos sentirnos seguros al saber lo que va a pasar y que estamos preparados para ello. De igual manera que en las otras tres necesidades, cada uno de nosotros tiene esta necesidad en diferente grado. Para algunos saber que tendrán un pago mensual por parte de su empleador es más importante que la libertad que te da ser dueño de tu negocio. Sin embargo, prefieres el cheque seguro empleado que la incertidumbre de tu negocio propio.

Todos tenemos maneras positivas y negativas de llenar esta necesidad. He aquí algunas de las positivas:

- La familia que ahorra diez por ciento de sus ingresos disciplinadamente para tener un fondo de emergencia en caso de una mala época.

- El estudiante que se esfuerza sobremanera y estudia más de lo normal para asegurar tener las respuestas correctas en el examen.

- Las personas que diariamente hacen ejercicios y se alimentan sanamente para minimizar las probabilidades de una enfermedad en el futuro.

- El individuo que siempre tiene un paraguas a la mano, un dinerito escondido en la billetera o toda la información importante guardada en su teléfono inteligente.

- La persona que antes de comenzar un negocio estudia los posibles escenarios, establece planes alternativos en caso de que las cosas salgan diferente a lo planeado.

- El vendedor que, para asegurar llegar a sus metas de negocio, establece dos o tres veces más citas de lo normal para presentarles su producto.

Todos estos ejemplos son formas positivas de llenar la necesidad que tenemos de seguridad. Sin embargo, también existen formas profundamente negativas:

- El individuo que manipula emocionalmente a su pareja (celos sin fundamento, ira, etc.) para que él o ella actúen de la manera que considera correcta.

- El jefe que no delega responsabilidades a su equipo por temor a que las cosas no salgan como él o ella espera.

- El gobierno o las instituciones que filtran la información para que solo llegue a las masas lo que ellos consideran correcto.

- La mujer (u hombre) que prefieren mantenerse en una relación abusiva o violenta por temor a estar solos en el futuro.

Imagina un escenario donde pudieras ver el futuro a la perfección: supieras lo que va a suceder en el momento y la hora exacta. Supieras el resultado de cada interacción, cada propuesta de negocio, el número del loto y el precio de todas las acciones que se cotizan en la bolsa. ¿Cómo sería tu vida? Luego de hacerte millonario jugando al loto e invirtiendo en unas cuantas acciones que se triplicarán mañana, luego de comprarte tu casa de los sueños, tu carro, etc... ¿Cómo sería tu vida?

Hay una película muy famosa llamada *Groudhog Day* (*Atrapado en el tiempo*), donde el protagonista (Bill Murray) llamado Phil Connors en la película hace el papel del meteorólogo de una estación de televisión. Phil entra en este ciclo interminable en el que todos los días son febrero 2. Cada día se despierta con la misma canción, el mismo mensaje de radio y todo exactamente igual.[1]

¿Cuál es el objetivo de un meteorólogo?

Predecir el futuro, específicamente, el estado del tiempo.

Pero si revives todos los días lo mismo, entonces se te hace muy fácil predecir el estado del tiempo.

En la medida que Phil se da cuenta de lo que está pasando, comienza a volverse el mejor meteorólogo de la zona, acertando a la perfección sus pronósticos (por supuesto, lo vivió el día anterior). Inmediatamente empieza a tener éxito masivo. Lo que muchos de nosotros soñaríamos: poder predecir el futuro.

Poco a poco su vida se empieza a tornar aburrida, empieza a tomar alcohol en exceso, ¿total? No hay consecuencias de sus actos, mañana será 2 de febrero otra vez. La situación declina rápidamente en un estado de depresión y varios intentos de suicidio electrocutándose o lanzándose en su vehículo por un precipicio, solo para volver a despertarse con la misma canción, el mismo mensaje de radio, el 2 de febrero.

Su vida se torna en desesperación. No hay nada peor que conocer en detalle el futuro.

Igual te sucedería a ti.

Por ello, existe otra necesidad del ser humano, que aunque parezca opuesta a la seguridad, es la que permite el balance en nuestra vida, se llama variedad.

3. Variedad

Nuevamente, todos necesitamos variedad. Existe algo mágico en el hecho de no conocer lo que va a pasar luego, de comenzar una aventura. En mi libro *Despierta tu héroe interior* comento que el alma del ser humano se nutre de la aventura. Por ello cuando las personas pasan toda su vida en el «mundo ordinario»: mismas reuniones, mismos amigos, mismos chistes, mismas comidas y mismas rutas al trabajo, viven vidas de muerte del alma. Todos necesitamos construir una gran historia para nuestra vida, y siempre comienza con una gran aventura.

Por eso millones de personas deciden colocar su vida en riesgo lanzándose en una montaña rusa que va a ochenta kilómetros por hora y es manejada por un adolescente que está de vacaciones de verano ¿No hace sentido, verdad? ¿Por qué pondríamos la vida de nuestros hijos y familiares en un aparato que

> **Existe algo mágico en el hecho de no conocer lo que va a pasar luego, de comenzar una aventura.**
> #tumomentoahora.com

no sabemos quién lo armó y está siendo controlado por un «niño» que no ha terminado secundaria? Porque necesitamos variedad, necesitamos emoción en nuestra vida.

De la misma forma que las necesidades que comenté anteriormente, existen maneras positivas y negativas de llenar esta necesidad. Te comento algunas de las positivas:

- El o la joven que deciden viajar por el mundo para conocer nuevas culturas, probar nuevas comidas y vivir nuevas experiencias.

> **Todos necesitamos construir una gran historia para nuestra vida, y siempre comienza con una gran aventura.**
> #tumomentoahora.com

- El esposo o esposa que prepara una aventura especial para su cónyuge. Algo inesperado.

- El hombre que observa a una mujer hermosa en el otro lado del salón, se llena de coraje y camina para conocerla y hablar con ella.

- El individuo que odiando su trabajo, decide lanzar su propio negocio.

Sin embargo, también existen maneras negativas de llenar la necesidad de variedad:

- El cónyuge que decide comenzar una aventura amorosa fuera de la relación atraído por lo prohibido y lo desconocido.
- La persona que comienza un nuevo negocio cada seis meses, saltando de oportunidad a oportunidad cuando las cosas se ponen difíciles.
- El individuo que arriesga su vida irresponsablemente por buscar experiencias extremas.
- La persona que se torna violenta rápidamente, sin importar lugar o consecuencias.

> **A pesar de que todos tenemos ambas necesidades: seguridad y variedad, siempre tendemos a una más que a la otra.**
> #tumomentoahora.com

A pesar de que todos tenemos ambas necesidades: seguridad y variedad, siempre tendemos a una más que a la otra. Por ejemplo, un emprendedor normalmente es una persona que tiende más a la variedad: le gustan los riesgos, da el paso sin tener todas las respuestas, etc. Las personas que son empleadas, generalmente tienden más a la seguridad: quiero mi cheque cada mes, aunque no me guste lo que hago. Sé que estoy generalizando y que existen excepciones, pero es lo que he visto en mi experiencia.

Algo fascinante de estas necesidades es que podemos cambiar la prioridad de las mismas a nuestro antojo, siempre y cuando pasemos por un proceso de entrenamiento de la mente. Es decir, ¿sueñas con ser emprendedor?

> **Algo fascinante de estas necesidades es que podemos cambiar la prioridad de las mismas a nuestro antojo, siempre y cuando pasemos por un proceso de entrenamiento de la mente.**
> #tumomentoahora.com

Puedes entrenar tu mente para estar cómodo con las emociones relacionadas con la variedad. ¿Eres un adicto a las emociones extremas y tu esposa y tus hijos te están pidiendo a gritos que te calmes un poco y no arriesgues tu vida a cada segundo? Puedes reentrenar tu mente para calmar esas emociones y apreciar un poco la seguridad de estar vivo y ver a tus hijos crecer y desarrollarse.

En el año 1990, justo después de su graduación con honores en la Universidad de Emory, Christopher McCandless decide rechazar la vida convencional y lanzarse en una aventura hacia lo desconocido. Christopher quema todas sus pertenencias (licencia, tarjetas de crédito, etc.) y dona todo su dinero para sumergirse en su nueva aventura. Esto sin decirles a sus padres ni amigos.

Dos años más tarde, luego de una serie de sucesos, Christopher llega solitario a Alaska y se instala en lo que él llama «El autobús mágico» donde permanece solitario por cuatro meses. Vive de la fauna y flora de Alaska convencido de que no existe nada mejor que su aventura, y permanece en solitario para evitar ser corrompido por la sociedad.

Ya a finales de los cuatro meses, en la medida que se le agotaban sus reservas, empieza a desesperarse y llega a la magnífica conclusión de que la felicidad solo puede ser conseguida cuando la compartes con otros. Convencido de esta nueva epifanía para su vida, decide volver con sus padres, que ya lo dan por muerto.

El problema ocurre cuando intenta cruzar un río que había cruzado anteriormente para llegar al «autobús mágico». El río está mucho más ancho y fuerte, y no lo puede cruzar. Frustrado, se ve obligado a volver al autobús y en un momento de desesperación, confundido por la falta de alimentos, se alimenta con una planta venenosa, que lo lleva a la muerte.

En la película *Into the Wild* (*Hacia rutas salvajes*), donde Sean Penn lleva a la gran pantalla esta historia de la vida real, Christopher acaba su vida en una profunda convicción del poder de la conexión humana, y se imagina junto a su familia una vez más. Dos semanas después su cuerpo es encontrado por unos cazadores.[2]

Esta triste historia muestra una realidad en su máxima expresión: nosotros necesitamos conectar unos con otros. Estudios demuestran que un bebé recién nacido que tiene contacto «piel con piel» con sus padres u otro ser humano tiene un mejor desarrollo del cerebro unido a un mejor estado emocional. Estudios sobre la depresión indican que los individuos que deciden mantener una vida social a pesar de sentirse deprimidos y desear estar solos, son significativamente más propensos a superar el estado depresivo.

> **Nosotros necesitamos conectar unos con otros.**
> #tumomentoahora.com

Nos necesitamos unos a otros. Familia, amigos, compañeros. Por eso existe una última necesidad de todo ser humano que es la conexión.

4. Conexión

¿No te ha sucedido que pasas por una situación espectacular, o estás en un restaurante y te dan una comida deliciosa y lo primero que quieres es compartirlo con tu pareja, familia o algún amigo? Esa es nuestra necesidad de conexión.

> **Nos necesitamos unos a otros. Familia, amigos, compañeros.**
> #tumomentoahora.com

Constantemente estoy viajando. La mayoría de las veces solo. Las personas que me contratan como orador o consultor normalmente me tratan de lo mejor y me llevan a los mejores lugares de su país. Recuerdo cuando Natanael Cordones me invitó a República Dominicana a dar una conferencia, y una noche, junto a su esposa, me llevó a comer al Mesón de la Cueva en Santo Domingo. El restaurante está construido dentro de una cueva y necesitas bajar por lo menos diez metros para poder entrar. No tiene paredes, sino las mismas paredes de la cueva. Es una experiencia inolvidable. Recuerdo haber pedido una paella de mariscos. Recordarla me agua la boca. Pero no fue solo la paella, fue toda la experiencia. Estar en una cueva de lujo comiendo una comida especial ¿Qué fue lo primero que hice? Me tomé una foto y se la envié a mi papá.

Mi papá y yo siempre nos estamos mandando fotos de lugares especiales donde comemos. Tenemos fotos de langostas, paellas, mariscos, costillas de cerdo y filetes de carne de más de un kilo. A ambos nos encanta comer en un buen lugar, y como vivimos separados, nos transmitimos un poco de nuestras experiencias enviándonos fotos.

Necesitamos conectar. Pero de la misma manera que las necesidades anteriores, existen formas positivas y negativas de llenar esa necesidad. Por ejemplo algunas positivas:

- La familia extendida que se reúne con cierta frecuencia para no perder el contacto.

- El hijo que llama a su madre para saber cómo está y contarle de su día (sé que mi mamá va a usar esta frase en mi contra de ahora en adelante).
- El grupo de amigos que se reúnen para jugar una partida de dominó.
- Una congregación religiosa que cada semana se junta para aprender de su fe y compartir unos con otros.

Todas son maneras hermosas de profundizar conexiones y llenar esta necesidad. Ahora unos ejemplos negativos:

- La persona que decide negar su esencia e inclusive sus valores por mantener una relación amorosa con una persona egoísta (pero de la cual está «enamorado(a)»).
- El cónyuge que busca cualquier razón para comenzar un conflicto con su pareja. Aunque parezca extraño, una pelea de parejas es una forma de buscar conexión.
- La persona que siempre está contándoles a los demás sus problemas interminables.
- El individuo hipocondríaco que siempre está enfermo solo para que su familia y amigos estén a su lado escuchando y apoyándolo en su trágica vida.

¡Ya va Víctor Hugo! ¿Una persona quiere estar enferma para tener conexión y amor? Definitivamente sí. Este es el caso más típico: un niño o niña que se sintió descuidado por sus padres (a lo mejor tenía muchos hermanos o sus padres trabajaban mucho o estaban viajando todo el tiempo) y un día se enfermó de verdad. En el momento que se enfermó sus padres pusieron toda la atención sobre él o ella, lo llevaron al médico, lo cuidaron, lo consintieron, etc. A nivel subconsciente, su cerebro hace una conexión entre enfermedad y conexión y amor. Si este escenario se repite (que normalmente sí se repite), se comienza a crear un patrón neuronal y una conexión a nivel subconsciente que lo lleva a enfermarse (recuerda que la mente es la responsable de generar las emociones y muchas sensaciones) para obtener conexión y amor.

Recuerda que estas necesidades son NECESIDADES. Es decir, las necesitamos. Y el ser humano, a nivel consciente o subconsciente, está dispuesto a romper sus valores, enseñanzas y creencias para llenar esa necesidad. Así signifique sentirse enfermo. En la mayoría de los casos, cuando veas a una persona enfermiza, son personas que están buscando conexión y amor.

> **En la mayoría de los casos, cuando veas a una persona enfermiza, son personas que están buscando conexión y amor.**
> #tumomentoahora.com

Este concepto de las cuatro necesidades de todo ser humano lo aprendí de Tony Robbins, y algo que es importante destacar para entender mejor nuestro comportamiento y el de otros seres humanos es que en la medida que una situación llena más necesidades, más adictiva se vuelve. De hecho, según Tony, si una situación en nuestra vida llena tres de las cuatro necesidades, se convierte en adicción. Déjame darte unos ejemplos:

Al principio del capítulo te comenté de Diego, el joven que lo dejó todo para unirse a una de las pandillas más violentas de su ciudad. ¿Por qué? La razón es porque ser parte de una pandilla puede satisfacer varias necesidades. Aunque de forma negativa, las satisface.

Como a veces vemos en algunos niños de familias pudientes, Diego siempre tuvo un vacío de conexión y amor. Sus padres trabajaban y viajaban mucho para darle el estilo de vida que deseaban. Adicionalmente, muchos de sus amigos estaban en situaciones similares. Cuando se le dio la oportunidad de ser parte de esta pandilla, lo primero que recibió fue una identidad: ahora era parte del grupo tal o cual, lo que es igual a significacia.

> **De hecho, según Tony, si una situación en nuestra vida llena tres de las cuatro necesidades, se convierte en adicción.**
> #tumomentoahora.com

Inmediatamente los otros miembros le dan la bienvenida y llenan la necesidad de conexión que tanto buscaba. Todo empeora cuando le dan su primer arma. ¿Qué puede hacerte más significante que tener un arma? Pues así sucedió con Diego. No solo eso, sino que la camaradería, además de llenar la necesidad de conexión, le daba un sentido de seguridad porque los otros miembros de la pandilla lo protegían. Se protegían unos a otros. A este punto ser parte de esta pandilla está llenando tres necesidades: significancia, conexión y seguridad. Adicionalmente, cada día que salían a pelear con otras pandillas o a ejecutar actos criminales, la adrenalina corría por todo su cuerpo porque cada día era diferente, era peligroso, era una aventura distinta. Es decir, estaba llenando la necesidad de variedad. A este punto Diego está llenando todas las necesidades del ser humano. ¿Ahora ves por qué deja todo por ser parte de una pandilla violenta? Aunque conscientemente sea inexplicable, nuestra mente subconsciente es realmente la que corre nuestra vida y nuestras emociones, que como comenté en el capítulo 1, determinan nuestras decisiones y luego nuestro destino.

¿Qué pasó con Jim? El líder religioso que fue descubierto en un burdel. Por razones de intenso trabajo y compromiso con su ministerio, su matrimonio se había enfriado un poco. Nada extremo, pero ya no era lo mismo. Jim empezó a ver pornografía. ¿Cuáles necesidades llena la pornografía? Tan solo por el hecho de saber que es prohibida, llena la necesidad de variedad. También llena la necesidad de conexión. A nivel subconsciente Jim estaba conectando con las mujeres que veía en su computador. Al conectarse con estas mujeres también llenó la necesidad de significancia. Todo hombre se siente importante cuando una mujer se le entrega en el acto sexual. Este proceso se convirtió en una adicción (por eso la pornografía es tan adictiva: llena las necesidades de significancia, variedad y conexión de forma inmediata). Adicionalmente, el simple hecho de poder controlar el momento que quería vivir esa experiencia a su conveniencia hizo que la situación llenara su necesidad de seguridad. Puede tener esa experiencia cuando quiera, con tan solo tener su computador o teléfono inteligente a la mano. Esta situación adictiva escaló al punto en el que cada vez necesitaba que la experiencia fuera más fuerte (similar a las drogas), y pasó de pornografía a bares nudistas a burdeles. Poco a poco una situación que llenó sus necesidades a nivel subconsciente, lo llevó a destruir su vida, su familia y su ministerio.

Las cuatro necesidades de todo ser humano son las responsables de cada acción de amor, compasión, persistencia, etc. Y también de cada acción de traición y violencia. Al final todo depende de cómo las llenemos.

A pesar de que todos tenemos estas cuatro necesidades, están en diferente prioridad para cada uno de nosotros. Por ejemplo, cuando aprendí este concepto e hice un proceso de autorreflexión, me di cuenta de que mis necesidades estaban en este orden de prioridades:

1. Significancia
2. Seguridad
3. Conexión
4. Variedad

Este orden me trajo muchas cosas buenas, como estudiar e ir a una buena universidad, trabajar en la compañía de productos de consumo masivo más grande del mundo y crecer en la escalera corporativa hasta liderar marcas con ventas de más de un billón de dólares. En prácticamente todo lo que hacía tenía éxito porque lo planeaba muy bien y mi deseo de ser el mejor me llevaba a trabajar más que nadie para lograr mis objetivos.

Sin embargo, me trajo muchas cosas malas también; mi deseo de sentirme importante me llevó a vivir una vida donde todo el tiempo estaba tratando de hacer felices a los demás (buscando afirmación), e inclusive sentía envidia por el éxito de mis amigos. Siempre quería tener más éxito que los demás. Adicionalmente, mi necesidad de controlar el futuro me llevó a tener altos niveles de ansiedad, y fue una de las razones por las cuales caí en depresión.

> La gran pregunta que debes hacerte es cuál es el orden de tus necesidades y cómo estás llenando las necesidades de forma positiva o negativa.
> #tumomentoahora.com

Ahora bien, ¿cómo puede ser feliz una persona que quiere tener más éxito que los demás y que adicionalmente, quiere que el futuro ocurra como él quiere? Es imposible ser feliz porque, en primer lugar, siempre va a existir alguien mejor que yo, más inteligente que yo, con más éxito que yo y, en segundo lugar, las cosas nunca van a salir como yo quiero todo el tiempo. Es decir, mi prioridad de necesidades me había dirigido a una vida de infelicidad. Un claro ejemplo de las personas que tienen éxito, pero que son profundamente infelices.

La gran pregunta que debes hacerte es cuál es el orden de tus necesidades y cómo estás llenando las necesidades de forma positiva o negativa. Y luego de este proceso de autoevaluación, puedes hacer dos cosas: o cambiar de forma consciente las prioridades de tus necesidades (por ejemplo, podrías decidir qué significancia ya no será más tu necesidad primordial y que la reemplazarás por conexión), o puedes buscar maneras positivas de llenar las necesidades en el orden actual.

> **Llegué a la convicción intencional de que mi importancia no depende de la opinión de los demás ni del éxito que el mundo crea que tengo o no tengo, sino del amor que tengo por mi persona.**
> #tumomentoahora.com

En mi caso decidí cambiar el orden y colocar la conexión primero. ¿Qué hice con la significancia? Llegué a la convicción intencional de que mi importancia no depende de la opinión de los demás ni del éxito que el mundo crea que tengo o no tengo, sino del amor que tengo por mi persona. Utilicé la afirmación positiva para integrar ese nuevo concepto de identidad en mi vida para no sentir más la necesidad de afirmación de otros. Por otro lado, cambié la pregunta que comenté anteriormente: ¿soy lo suficientemente bueno? a una nueva pregunta: ¿cómo puedo apreciar este momento y ser de bendición a la persona que tengo en frente de mí? Esa pregunta cambió mi vida completamente y para siempre.

Lo otro que sucedió en mi caso es que integré el concepto de que la vida está sucediendo PARA mí, no A mí, y que todo lo que sucede en mi vida es para ayudarme a crecer y cambiar. Internalizar ese concepto me ayudó a eliminar la ansiedad por lo desconocido y darle cabida, expectativa y emoción a la variedad en mi vida. Ya no necesitaba frustrarme cuando otros no hacían lo que yo pensaba o las cosas no salían como yo pensaba, porque ya sé que así va a ser. Por el contrario, apreciar la variedad y la aventura como el alimento de

> **Tú controlas tu mente, y tu mente controla tus emociones. Tú decides reprogramar tu mente para llenar las cuatro necesidades del ser humano de la manera que tú decidas hacerlo.**
> #tumomentoahora.com

la vida para el alma me permitió rebalancear las prioridades de mis necesidades a un nivel más sano.

Tú controlas tu mente, y tu mente controla tus emociones. Tú decides reprogramar tu mente para llenar las cuatro necesidades del ser humano de la manera que tú decidas hacerlo. A partir de ahora ya no hay excusas, la verdad se te ha revelado y puedes crear la vida que desees crear.

CAPÍTULO 5

DE LA FELICIDAD A LA PLENITUD

¿DE LA FELICIDAD A LA PLENITUD? PERO VÍCTOR, ¿POR QUÉ MEJOR NO COMENZAMOS por ser felices? Antes de sentir plenitud, por lo menos quisiera sentirme feliz. Además, ¿existe alguna diferencia entre felicidad y plenitud? ¿No son la misma cosa?

No lo son. Comencemos por la felicidad. Es un peldaño que necesitamos subir para poder llegar a la plenitud.

En este momento en tu vida estoy seguro de que existen áreas en las cuales estás feliz y áreas en las cuales estás infeliz. Por ejemplo, puede ser que estés muy feliz en tu relación con tus hijos o con tu salud, pero a lo mejor te sientes infeliz en tu trabajo o con tu pareja.

Haz el siguiente ejercicio, escoge un área de tu vida donde te sientes feliz y explica las razones del porqué te sientes feliz, y luego escoge un área en la cual te sientes infeliz y explica las razones por las cuales te sientes infeliz. (Ejemplos de áreas de tu vida que puedes escoger: pareja, familia, amigos, trabajo, negocio, salud, finanzas, tiempo, diversión, etc.)

Te dejo un ejemplo:

Área donde me siento feliz: mi salud.

Razones:

1. He logrado llegar a mi peso ideal de ochenta y cinco kilogramos.
2. Todos los días voy al gimnasio y me siento muy bien después de hacer mis rutinas.
3. Mi doctor me dijo que todas mis medidas (colesterol, triglicéridos, etc.) están en control.

Área donde me siento infeliz: mi negocio.
Razones:

1. Mi socio no aprecia el esfuerzo que hago.
2. Las ventas están por debajo de lo estimado.
3. Estoy trabajando siete días a la semana.

Ahora haz el ejercicio para tu vida:

Área donde me siento feliz:
Razones:

1.
2.
3.

Área donde me siento infeliz:
Razones:

1.
2.
3.

La razón por la cual te sientes feliz o infeliz frente a una situación o área de tu vida es porque la situación está alineada o no con tu mapa paradigmático.

El mapa paradigmático

El mapa paradigmático es un mapa que todos tenemos a nivel subconsciente que indica cómo debería ser la vida para que nosotros fuéramos felices. Ese mapa es diferente para cada uno; por ello, una situación que desesperaría a una persona, a otra no la mortificaría en lo más mínimo.

Utilizando el ejemplo anterior, si me siento infeliz en mi negocio porque mi socio no aprecia el esfuerzo que hago, es porque en mi mapa paradigmático, las personas deberían apreciar mi trabajo. A otro individuo con un mapa paradigmático diferente, no le importaría en lo más mínimo que su socio no apreciara su trabajo.

El hecho de que trabajar siete días a la semana me haga infeliz es porque mi mapa paradigmático me dice que uno debería trabajar menos y tener un balance. Sin embargo, a otros individuos trabajar siete días a la semana los podría hacer profundamente felices.

Al punto que quiero llegar es que la situación no es lo que te hace feliz o infeliz, es el mapa paradigmático personal.

Si utilizamos el ejemplo de la salud. Me siento feliz porque he llegado a mi peso ideal y voy al gimnasio todos los días. A otras personas esto las haría profundamente infelices, por ejemplo, si su mapa paradigmático fuera que uno debe pesar lo mínimo posible, o si consideran que hacer ejercicios todos los días es malo, y que es mejor dejar tiempo para recuperarse.

Otra vez, la situación no es absoluta ni es lo que te hace feliz o infeliz, es el mapa paradigmático.

Si tomas un tiempo para reflexionar en las razones que hacen que esta o aquella área de tu vida te haga feliz o infeliz, vas a poder comenzar a descifrar tu mapa paradigmático.

Todos tenemos reglas en nuestro mapa paradigmático que muestran cómo debería

> **La razón por la cual te sientes feliz o infeliz frente a una situación o área de tu vida es porque la situación está alineada o no con tu mapa paradigmático.**
> #tumomentoahora.com

> **La situación no es lo que te hace feliz o infeliz, es el mapa paradigmático personal.**
> #tumomentoahora.com

ser la vida ideal: la gente debería apreciar mi esfuerzo, la felicidad es tener una familia con hijos, mis hijos tienen que ir a una universidad, a esta edad ya debería tener éxito financiero, las personas deberían pensar de esta o aquella manera, etc. Estas reglas son las que te hacen feliz o infeliz.

Ahora bien, ¿qué hacemos cuando nuestra realidad actual no está alineada con nuestro mapa paradigmático?

Cuando esto sucede, y para ser franco, sucede la mayoría de las veces, las personas tienen tres opciones:

1. Culpar
2. Cambiar la situación
3. Cambiar el mapa paradigmático

En mi experiencia, la mayoría de las personas rápidamente se van por la primera opción: culpar.

1. Culpar

No hay nada más sencillo que culpar, pero también no hay nada más inútil. Puedes culparte a ti mismo (soy un idiota, todo lo hago mal, etc.), puedes culpar a otros (soy así porque mis padres no me apoyaron, mi pareja no está a mi lado en este proyecto, mi jefe no me quiere ascender, etc.), o culpar a factores externos (la economía está mal y por eso mi negocio no crece, los jóvenes ya no quieren leer, las personas no valoran el arte, las grandes corporaciones están destruyendo el mercado, etc.).

> No hay nada más sencillo que culpar, pero también no hay nada más inútil.
> #tumomentoahora.com

Lo interesante es que estas personas pueden tener razón; las grandes corporaciones pueden estar tratando de destruir a los pequeños empresarios, o tus padres no te han apoyado, o la economía está en recesión. Sin embargo, culpar no te lleva a ningún lado. No te permite progresar. Culpar te mantiene en un estado de desenpoderamiento.

Chris Gardner, autor del libro *The Pursuit of Happyness* (*En busca de la felycidad*) y representado en la pantalla grande por Will Smith en la película con el mismo nombre, relata la siguiente convicción que tuvo en el momento de mayor fracaso en su vida cuando se encontraba quebrado y sin techo, durmiendo con su hijo en un baño público del tren subterráneo de Nueva York:

Cuando me miraba al espejo cada día tuve que hacerme unas preguntas muy duras, esas preguntas eran: ¿Cómo llegué aquí? ¿Qué pasó? ¿Qué va a pasar ahora? Siendo la más dura de estas preguntas ¿Cómo llegué aquí? La respuesta era aún más brutal.

> **Culpar te mantiene en un estado de desenpoderamiento.**
> #tumomentoahora.com

La respuesta era: Yo manejé hasta aquí. Yo tenía algo que ver con las situaciones y las circunstancias que se transformaron en mi vida. Yo manejé hasta aquí, pero esa era la clave, porque si yo manejé hasta aquí entonces yo puedo manejar fuera de aquí. En los negocios o la vida: si manejé hasta aquí puedo manejar fuera de aquí. Tú no puedes cambiar algo hasta que lo posees. Poséelo.[1]

Chris Gardner decidió poseer las razones de su fracaso. Sin excusas decidió cambiar las situación.

2. Cambiar la situación

Asumiendo que no eres de las personas que se culpan a sí mismas, culpan a otros o a factores externos, otra opción es cambiar la situación. La demostración más grande de responsabilidad de un ser humano es tomar control y decidir cambiar la situación.

> **La demostración más grande de responsabilidad de un ser humano es tomar control y decidir cambiar la situación.**
> #tumomentoahora.com

¿No estás feliz con tu peso? Cámbialo. ¿No estás feliz con tu trabajo? Muévete, no eres un árbol. El mundo es de las personas que toman acción y deciden cambiar su situación.

Chris Gardner se convirtió en millonario porque decidió cambiar su situación. Tim Ferris salió del estado suicida porque decidió hacer ejercicio físico por un período de tiempo.

En la vida hay dos tipos de personas, yo las llamo «las pensadoras» y «las actuadoras». Ambos tipos son importantes, sin embargo, siempre recomiendo asociarte con más personas que tengan una tendencia a la acción. A los pensadores les encanta planear, filosofar, establecer matrices con todos los posibles escenarios. Los actuadores quieren salir a hacer que las cosas pasen ya. Siempre es bueno tener uno que otro pensador cerca de ti porque te ayudan a ver las cosas con otra perspectiva, pero normalmente ellos no logran mucho en la vida porque siempre están planeando, nunca ejecutando. Por otro lado, los actuadores son los que hacen que las cosas pasen. Necesitas convertirte en uno de esos si no lo eres. Colócalo en tu afirmación positiva, asóciate con personas con tendencia a la acción.

Tony Robbins dice que las mejores respuestas vienen de las mejores preguntas. Para cambiar la situación necesitas hacerte buenas preguntas. ¿Cómo llegué aquí? ¿Qué puedo hacer diferente para mover esta situación de infelicidad a felicidad? ¿Dónde está mi responsabilidad en todo esto?

> **Asóciate con personas con tendencia a la acción.**
> #tumomentoahora.com

Un tipo de preguntas que me ha ayudado mucho es lo que llamo preguntas de «crecimiento absurdo». Estas son preguntas cuya respuesta inmediata es: «es imposible», pero si te tomas el tiempo de pensar y decides remover todos los pensamientos limitantes, te darás cuenta de que el proceso de estirar tu mente te llevará a nuevos horizontes.

Recuerdo cuando logré llegar a diez mil visitas en mi blog al mes. Me tomó seis meses crecer el blog al punto de lograr este nivel de visitas. Le estaba contando mi logro a Brian Toba, un magnífico amigo que siempre estira mi mente, a lo cual me dijo: «¿Qué necesitas hacer para llegar a cien mil visitas al mes en los próximos seis meses?». Para mí era un absurdo. Si me había tomado seis meses llegar a diez mil visitas, naturalmente me tomaría otros seis para llegar a veinte mil. Pero nunca cien mil. Sin embargo, el proceso de sentarme a pensar cómo lo podría hacer posible, expandió mi mente a nuevos escenarios que me llevaron a cincuenta mil visitas al mes. Si no fuera por esa pregunta de «crecimiento absurdo» me hubiera quedado en veinte mil y nunca hubiera llegado a cincuenta mil.

¿No estás feliz con las ventas de tu negocio? Hazte la pregunta de «crecimiento absurdo»: ¿cómo podría triplicar mis ventas en los próximos seis meses? Luego colócate en una mentalidad sin límites y busca la manera, como si tu vida dependiera de eso. Te estirarás como nunca, te darás cuenta de suposiciones que no son reales y destruirás pensamientos limitantes que llevarán tu vida al siguiente nivel.

3. Cambiar el mapa paradigmático

Mi hijo Benjamín posee cualidades maravillosas que me tienen muy orgulloso. Sin embargo, una de las situaciones que no me tenía muy feliz era el hecho de que era un poco despistado. A veces le pedía que se fuera a su cuarto a ponerse los zapatos solo para llegar diez minutos después y verlo pintando y haberse olvidado completamente de la única razón por la cual debía ir a su cuarto en ese momento: ponerse los zapatos. Recuerdo una vez que le pedí que antes de ir al colegio, fuera a su baño y se peinara. Unos minutos más tarde lo veo cepillándose los dientes y con el «pelo loco» como le digo. Lo interesante es que ya se había cepillado los dientes unos minutos atrás.

El punto es que esa situación me tenía desesperado. Era causante de constantes regaños y peleas. Me tenía profundamente frustrado, pero también podía ver la frustración en él.

Me di cuenta de que la frustración no era conmigo, era consigo mismo. De verdad era despistado. Siendo un niño tan inteligente, su mente siempre estaba volando, pensando en mil cosas, menos en las tonterías que le pedía papá.

Poco a poco lo empecé a comprender y me di cuenta de que había aspectos que eran parte de su personalidad y que, sin importar lo fuerte que lo regañara o castigara, en cierto modo estaba fuera de su control; en vez de regañarlo, tenía que trabajar con él en desarrollar las habilidades de concentración necesarias para no ser tan olvidadizo.

En ese momento decidí cambiar mi mapa paradigmático. Mi regla ya no era: «mi hijo debería ser enfocado y hacer lo que le pido al instante», sino más bien algo como: «mi reto es acompañar a mi hijo en desarrollar las habilidades de concentración necesarias para tener orden y éxito en la vida». Bajo la primera regla vivía en un estado de infelicidad y frustración; bajo el nuevo mapa paradigmático vivía en un estado de reto y de trabajo en equipo.

Existen cosas que están totalmente fuera de tu control. Tu socio puede que nunca aprecie tu trabajo duro. Tu cónyuge puede que nunca cierre la pasta dental después de usarla o coloque el papel sanitario en la dirección correcta. Tu hijo puede querer ser músico o artista en vez de la profesión que toda la vida soñaste para él. Un nuevo gobierno puede subir los impuestos o un nuevo jefe puede exigirte más que el anterior. Esas cosas pueden y van a pasar.

> Existen cosas que están totalmente fuera de tu control.
> #tumomentoahora.com

En esos casos, por tu felicidad, si no puedes cambiar la situación, cambia el mapa paradigmático.

Ahora bien, muchas veces confundimos cambiar el mapa paradigmático con disminuir las expectativas y degradar nuestra vida a la mediocridad. Nada más alejado de la realidad. Sí es verdad que hay personas que, como método de defensa, bajan sus expectativas para asegurar no ser defraudados nunca, y deciden vivir una vida mediocre. Ese no eres tú y ese no soy yo.

> En esos casos, por tu felicidad, si no puedes cambiar la situación, cambia el mapa paradigmático.
> #tumomentoahora.com

Lo que sí debes cambiar son las expectativas que dependen de otros o lo que otros deberían hacer por ti. «Los otros» están mayormente fuera de tu área de influencia. Sí puedes influir en tu jefe, tus hijos y tu cónyuge, pero la realidad es que su comportamiento está fuera de tu control. El secreto está en disminuir las expectativas que tienes de lo que otros deben hacer por ti y subas las expectativas de lo que tú puedes hacer por otros.

Y ¿cómo puedo disminuir las expectativas de lo que otros hacen por mí? Cambia las expectativas por apreciación. Modifica el mapa paradigmático de «esperar algo» a «ser agradecido por algo». Eso cambia la ecuación completamente.

Entonces habrá momentos en tu vida en los que decidirás ser feliz a pesar de que el papel sanitario esté puesto al revés, o aunque tu socio sea antipático, o aunque tu hijo sea olvidadizo. Comienzas a apreciar las cosas buenas de tu pareja diferentes a cómo pone el papel sanitario, las maravillosas virtudes de tu socio y la increíble bendición de tener un niño tan hermoso e inteligente, aunque sea olvidadizo.

¿Eres infeliz en algún área de tu vida? ¿Culpar, cambiar la situación o cambiar el mapa paradigmático?

Selección simple. Selecciona la respuesta correcta en tu caso:

- Culpar
- Cambiar la situación
- Cambiar el mapa paradigmático

> **El secreto está en disminuir las expectativas que tienes de lo que otros deben hacer por ti y subas las expectativas de lo que tú puedes hacer por otros.**
> #tumomentoahora.com

Los tres pilares de la felicidad

Ya que entendemos la raíz de la infelicidad y su conexión con el mapa paradigmático, he descubierto que existen tres pilares que son necesarios para lograr ser feliz en cada aspecto de nuestra vida. Lo que hablamos antes era un proceso reactivo, de diagnóstico y corrección. Ahora quiero mostrarte un proceso proactivo para asegurar ser feliz en cada área de tu vida.

En general, las personas somos felices cuando tenemos tres aspectos sucediendo a nuestro favor:

1. Somos agradecidos por el presente
2. Estamos creciendo
3. Tenemos optimismo sobre el futuro

> **Modifica el mapa paradigmático de «esperar algo» a «ser agradecido por algo».**
> #tumomentoahora.com

En la unión de estos tres aspectos se encuentra el estado emocional llamado felicidad. Ahí nos sentimos felices.

Es importante destacar que necesitamos los tres aspectos. Una persona que solo es agradecida por el presente pero no está en crecimiento y no es optimista termina siempre en un estado de mediocridad y no progresa en la vida. Una persona que tiene un gran optimismo sobre el futuro pero no está en crecimiento y no es agradecida pasa a ser de esas personas que siempre tienen un plan para el futuro que nunca ejecutan. También son personas que basan sus expectativas del futuro en «la suerte» y no se adueñan de su destino. Si una persona está en crecimiento pero no es agradecida, realmente no disfruta la vida y no es capaz de celebrar los logros de su jornada.

Inclusive si tienes dos de estos aspectos solamente, es problemático:

Una persona que es agradecida y optimista pero no está en crecimiento se convertirá en una persona frustrada porque nunca logrará lo que quiere debido a que no trabaja por crecer.

Una persona que es agradecida y está en crecimiento pero no tiene optimismo sobre el futuro, con el tiempo se convierte en una persona negativa y cínica. La falta de optimismo acerca del futuro le resta la fuerza que necesita para mantenerse en crecimiento y, eventualmente, para de crecer.

Una persona en crecimiento y optimista sobre el futuro pero que no es agradecida por el presente será una persona insatisfecha e infeliz. Probablemente tendrá «éxito» bajo el concepto del mundo, pero dentro de ella siempre vivirá hacia el futuro y la vida le pasará sin que se dé cuenta.

Necesitamos las tres para realmente desarrollar el estado emocional al que llamamos felicidad.

1. Agradecido por el presente

Me sentía tan orgulloso el día que Larry Downs, presidente de la división hispana de HarperCollins, me estaba proponiendo sacar al mercado un segundo libro. Mi primer libro, *Despierta tu héroe interior*, había sido todo un éxito alcanzando cuatro veces las metas que la editorial me había puesto en tan solo un año y había superado en más de diez veces

> **Necesitamos las tres para realmente desarrollar el estado emocional al que llamamos felicidad.**
> #tumomentoahora.com

al noventa por ciento de los libros que se lanzan al mercado. ¡Me sentía tan orgulloso de mí y de la trayectoria que caminé para llegar hasta ese momento!

Un gran esfuerzo en la secundaria que me llevó a una de las mejores universidades del país, luego graduarme de Ingeniero y ser seleccionado para trabajar en la empresa más grande del mundo de productos de consumo masivo. Doce años de esfuerzo constante para llegar a ser el gerente de una de las marcas más grandes del mundo. Lanzar un blog y un podcast en mi «tiempo libre» (que eran las noches, de diez de la noche a doce de la noche). Publicar en mi blog y podcast disciplinadamente por dos dos años hasta que firmé el contrato para lanzar el libro. Luego, escribir el libro (nuevamente en «mi tiempo libre») y lanzarlo, mercadearlo, giras de medios, etc. Al mismo tiempo que trabajaba como ejecutivo en el área de mercadeo en otra Fortuna 500.

Tenía razones para sentirme orgulloso de mí: constancia, disciplina, trabajo duro... por años. Y ahora el libro se había convertido en un *bestseller*, y HarperCollins quería lanzar otro.

El gran riesgo de esa manera de pensar es que puedes llegar a creer que tú eres la razón de tu éxito. Y la realidad es que eso no es verdad.

En ningún momento quiero minimizar mi esfuerzo y tu esfuerzo. Eso es grandioso y debemos servir de inspiración a otros, pero la realidad es que el hecho de que tú estás donde estás hoy, tus éxitos, también son producto de algo que estuvo fuera de tu control. Algunos lo llaman «suerte», yo prefiero llamarlo «la gracia».

> **Tus éxitos, también son producto de algo que estuvo fuera de tu control. Algunos lo llaman «suerte», yo prefiero llamarlo «la gracia».**
> #tumomentoahora.com

La gracia es esa manifestación en tu vida que estuvo fuera de tu control pero que te catapultó a una nueva experiencia y a un nuevo éxito. Por ejemplo, yo comencé diciendo que mi gran esfuerzo en la secundaria me llevó a una de las mejores universidades del país. Pero la razón por la cual mi esfuerzo me llevó ahí fue porque mis padres hicieron un gran esfuerzo económico para pagarme un buen colegio y una buena secundaria. Si voy más atrás, el solo hecho de nacer en un país libre, con unos padres que me amaban y me protegieron, que me dieron alimentación todos los días, todo eso no estuvo en mi control. Todo eso fue la gracia.

> **La gracia es esa manifestación en tu vida que estuvo fuera de tu control pero que te catapultó a una nueva experiencia y a un nuevo éxito.**
> #tumomentoahora.com

Si hubiera nacido en un barrio pobre donde no tuviera qué comer, o si mis padres hubieran sido adictos a las drogas, o si hubiera nacido en un país sin libertad o dentro de una secta religiosa, mi vida definitivamente hubiera sido distinta. Pero la gracia me dio un hogar, unos padres, un colegio y una universidad que me permitieron catapultarme a la vida que tengo hoy.

Recuerdo un día que Milenka Peña (autora del fantástico libro *Apasionante*) me contactó por mis redes sociales por «casualidad» para hacerme una pregunta. Diariamente cientos de personas me contactan por las redes sociales y muchas veces no me da la capacidad y el tiempo de responder a todo el mundo, y muchas veces se me pasa por alto. Pero esta vez estaba, por «casualidad», revisando mi cuenta y le contesté. De ahí en adelante tuvimos una corta conversación por teléfono en la cual ella me pedía consejo y apoyo para mejorar su marca personal online, y hablamos al respecto. Dos semanas después, por «casualidad», ella estaba hablando con su gran amigo Andrés Panasiuk (mi mentor y autor de más de trece libros, incluido el magnífico libro *Cómo llego a fin de mes*) y le comentó de mi persona. Andrés agarró el teléfono y me llamó. Ahí comenzamos una hermosa relación Andrés y yo.

Tres meses más tarde, Andrés le comentó a Larry Downs sobre mí y Larry me llamó. Así nació *Despierta tu héroe interior*.

Si Milenka no se hubiera atrevido a contactarme, o yo no le hubiera respondido, y si ella no le hubiera mencionado mi nombre a Andrés, y si Andrés no hubiera hecho el esfuerzo de llamarme, y si Andrés no le hubiera hablado de mí a Larry, y si Larry no estuviera buscando un nuevo autor... mi primer libro no hubiera existido.

No importa lo orgulloso que me sintiera de mí, la gracia fue la clave en que todo se llevara a la realidad.

Y cuando eres consciente de la gracia, quiere decir que eres una persona agradecida.

Las personas que no son conscientes de la gracia, creen en sobremanera que ellas son las responsables de sus éxitos y no aprecian las cosas hermosas de la vida que tienen al frente porque para ellas, si no fueron construidas o creadas por ellas, no hay nada que apreciar. Pueden apreciar su empresa, su carro, e inclusive sus hijos, pero jamás pueden apreciar un atardecer, una flor, el mar, una conversación de amigos, etc. Ellos solo aprecian lo que en su mente se ha hecho realidad por su propio esfuerzo.

> **Y cuando eres consciente de la gracia, quiere decir que eres una persona agradecida.**
> #tumomentoahora.com

Pero la realidad es que estás rodeado de la gracia, solo tienes que abrir los ojos para apreciarla.

Ser agradecido te muestra un mundo escondido que la mayoría de las personas no ven. Existen una cadena de «casualidades» que permiten que tú vivas, veas, interactúes con el mundo. Ser agradecido te hace consciente de esa cadena.

¿Sabes las cientos de funciones en tu cuerpo, en el mundo y en el universo que necesitan suceder de forma perfecta para que tú puedas vivir, para que puedas tener electricidad, agua, un auto, el internet que estás disfrutando en la actualidad?

Hay una cadena de «casualidades» que te llevaron a donde estás hoy, una cadena de «casualidades» que permiten que estés leyendo este libro. El simple hecho de que puedas comer es una «cadena» de casualidades que no dependen de ti. La vida es una cadena de «casualidades» constante.

La vida es un milagro que solo puedes ver cuando te pones los lentes del agradecimiento.

> **Pero la realidad es que estás rodeado de la gracia, solo tienes que abrir los ojos para apreciarla.**
> #tumomentoahora.com

La vida es gracia.

Hace unos años leí lo siguiente: «La gratitud puede transformar lo que tenemos en suficiente, una comida en un banquete, una casa en un hogar, y un extraño en un amigo. Por muy difíciles que sean tus circunstancias, estoy seguro de que siempre existe algo por lo cual puedes estar agradecido».

A partir de este momento decide colocarte los lentes del agradecimiento.

Existen tres prácticas que me han hecho mucho más agradecido:

> **Ser agradecido te muestra un mundo escondido que la mayoría de las personas no ven.**
> #tumomentoahora.com

1. La meditación (ya la vimos en el capítulo 3)
2. La afirmación positiva
3. El diario de agradecimiento

Respecto a la afirmación positiva, necesitas colocar algo que te conecte y te convierta en una persona agradecida. En mi afirmación positiva tengo lo siguiente que leo cada día: *Soy feliz. Siempre estoy en un estado emocional de abundancia y plenitud. El futuro me llena de optimismo y el agradecimiento que tengo por el presente me llena de felicidad. Veo la gracia frente a mis ojos cada momento. Yo soy agradecimiento.*

Quiero que notes que no coloqué: «Yo soy agradecido», sino: «Yo soy agradecimiento». ¿Por qué? Porque cuando yo soy algo, se convierte en mi identidad. Por eso en mi afirmación positiva tengo cosas como: «Yo soy amor» y «Yo soy pasión». Es mucho más poderoso que decir: «Yo tengo pasión» porque lo hace parte de tu esencia, de tu identidad, de lo que tú eres.

La otra práctica que aprendí de Oprah Winfrey es el diario de agradecimiento. Es muy sencillo, todos los días en la noche escribes tres cosas por las cuales estás agradecido.

> **La vida es un milagro que solo puedes ver cuando te pones los lentes del agradecimiento.**
> #tumomentoahora.com

Lo interesante de este proceso es que los primeros días escribes cosas triviales o básicas, pero con el tiempo se te acaban esas trivialidades y necesitas forzar la mente a pensar y revelarte nuevas cosas por las cuales estás agradecido. Ese proceso es la clave de la práctica porque entrena tu mente, crea nuevos patrones neuronales que te hacen cada vez más consciente de la gracia.

Tres meses después de que comiences el diario de agradecimiento, tu vida nunca será la misma.

2. En crecimiento

Si hay algo que he aprendido es que en la vida las cosas están creciendo o están muriendo. Punto.

No hay término medio.

Por eso es sumamente importante estar siempre en crecimiento. Pero ¿de dónde viene el deseo de crecer?

> **La vida es gracia.**
> #tumomentoahora.com

De la mente. Y este es el proceso:

A) *Mundo ordinario:*

Las cosas están en orden y marchan «bien». No hay motivo para preocuparse y de hecho no le dedicas mucho tiempo mental al área en cuestión. Por ejemplo, a pesar de que tienes unos kilos de más no te preocupas, comes lo que te provoca y hasta ahora no hay nada alarmante en tu situación.

B) *Incomodidad leve:*

Algo diferente está sucediendo que te molesta un poco. En el caso mostrado anteriormente puede ser que sientes que no duermes bien o que estás teniendo unos pequeños dolores inusuales en tus articulaciones. Otros ejemplos pueden ser que estás sintiendo a tu pareja más molesta de lo normal o te aburre tu trabajo o te sientes mal cada vez que ves tu tarjeta de crédito en deuda.

> ¿De dónde viene el deseo de crecer? De la mente.
> #tumomentoahora.com

C) *Incomodidad elevada:*

La situación ahora sí te molesta. Ocupa gran parte de tu tiempo mental. ¿Qué estará pasando con mi salud? ¿Por qué me siento tan mal y no puedo dormir o tengo taquicardia? ¿Por qué mi pareja me trata tan irrespetuosamente frente a otros? ¿El estrés de ver mi tarjeta de crédito creciendo cada mes no me permite dormir en paz? Cada mañana cuando me tengo que despertar al trabajo, siento un dolor en el estómago nada más de pensar en ir a mi oficina.

En esta etapa, el dolor, estrés o ansiedad es fuerte, por ello, implementas algunas acciones para mitigar el problema. Sin embargo, no son acciones determinantes. Puede ser que te tomes una pastilla para dormir mejor o que comiences lentamente a buscar un segundo trabajo o que pares de usar la tarjeta de crédito.

Pero el dolor sigue ahí y va en aumento.

D) *Pasando el umbral de inacción:*

Llega el momento cuando dices: ¡esto se acabó! ¡No más! El dolor es tan alto que cruza el umbral de inacción y te mueve a un estado de acción masiva. Renuncias a tu trabajo y comienzas tu negocio, terminas una relación amorosa o decides finalmente salir a tratar de conocer a alguien, confrontas a tu jefe, tiras toda la comida chatarra a la basura y te inscribes en un gimnasio.

El umbral es lo que en mi libro *Despierta tu héroe interior* llamo el incidente inductor. Es cuando el héroe se lanza a la nueva historia: compra un anillo de compromiso para su amada, o finalmente pide el divorcio en una relación que no tiene futuro, se inscribe en las clases de violín o firma un contrato con un socio para montar el restaurante que siempre soñaron.

> El umbral es lo que en mi libro *Despierta tu héroe interior* llamo el incidente inductor. Es cuando el héroe se lanza a la nueva historia.
> #tumomentoahora.com

Pasar el umbral es la clave del crecimiento.

Si en un área de tu vida eres infeliz (como vimos al principio de este capítulo) y la razón es porque esa área no está en crecimiento (tu salud, tu matrimonio, tu negocio no está mejorando), entonces es porque el nivel de incomodidad que tienes en esa área es leve o al máximo, elevado. Pero la realidad es que no has pasado el umbral de inacción.

Lo único que te va a mover a cambiar tus circunstancias para que se alineen con tu mapa paradigmático es si las llevas al punto de «pasar el umbral». Si no, vivirás infeliz y en inacción.

Cuando estoy dando servicio de *coaching* personal a mis clientes, y noto que son infelices por una situación pero están en inacción, siempre busco forzarlos mentalmente a que lleguen a cruzar el umbral. Si uno como *coach* logra llevarlos a ese punto, ya no hay vuelta atrás para ellos. Por ejemplo, una persona que siempre ha soñado con comenzar su negocio o viajar a Europa o hacer un crucero pero no lo hace, me gusta llevarla bajo un proceso de visualización al final de su vida, cuando ya no

> Pasar el umbral es la clave del crecimiento.
> #tumomentoahora.com

tiene salud ni energía, cuando ya no hay opción. Luego la llevo atrás a vivir la experiencia que quiere vivir, y luego la llevo nuevamente al final de sus días, quitándole la experiencia. Este proceso mental normalmente lleva a las personas al umbral y luego a tomar acción.

E) *Acción masiva:*

Esta es la etapa de crecimiento. Es el momento cuando el individuo pone el trabajo para crecer. Acción masiva es igual a crecimiento.

Yo he agrupado las áreas de la vida en lo que llamo las siete áreas del desarrollo humano. Estas son: salud, tiempo (la capacidad de liberar tiempo en tu vida), negocio o profesión, relaciones, finanzas, mente y espíritu.

> **Lo único que te va a mover a cambiar tus circunstancias para que se alineen con tu mapa paradigmático es si las llevas al punto de «pasar el umbral».**
> #tumomentoahora.com

¿Cómo estás creciendo en cada una de estas áreas? De esto vamos a hablar detalladamente más adelante, pero es bueno que vayas pensando si has descuidado alguna de estas áreas en las cuales sientes incomodidad, pero no has cruzado el umbral de inacción.

3. Optimismo sobre el futuro

No hay nada más peligroso que un loco optimista.

El optimismo es un arma de doble filo. Porque las personas normalmente basan el optimismo unilateralmente en esperanza y fe. La esperanza y fe son imprescindibles para desarrollar optimismo, pero no son los únicos ingredientes. Sería como hacer un pastel solo con harina y huevos, nunca sería un pastel.

> **Acción masiva es igual a crecimiento.**
> #tumomentoahora.com

El optimismo debe fundamentarse en varios pilares, además de la esperanza y fe; necesita estar fundamentado en el pensamiento realista que te lleva a una evaluación de riesgos, análisis de escenarios y una excelente planificación.

Si una persona desea renunciar a su trabajo para montar su negocio propio, el optimismo no debe basarse solo en la esperanza y fe de que el universo se alineará para que su negocio tenga éxito. Si la persona da el salto bajo ese optimismo, está jugando a la lotería. Puede ser que la bote de jonrón, o que fracase estrepitosamente. Y lo triste es que al final le echarán la culpa a Dios ¿Por qué? Porque ellos tuvieron fe.

Sin embargo, si adicionalmente a la esperanza y fe, esta persona hace un análisis de posibles escenarios, lo cual la lleva a desarrollar un fondo de ahorro de un año de gastos, y logra negociar activos de su futuro negocio de una manera que puede salir más fácil si las cosas van mal, y si, mientras trabaja en su empleo, desarrolla el plan de negocios de una manera sólida, ¿no crees que tendría mucho más optimismo al dar el salto? ¿Quién tiene más optimismo, el que tiene un año de gastos ahorrados en su cuenta o el que está viviendo día a día?

> El optimismo debe fundamentarse en varios pilares, además de la esperanza y fe; necesita estar fundamentado en el pensamiento realista que te lleva a una evaluación de riesgos, análisis de escenarios y una excelente planificación.
> #tumomentoahora.com

El optimismo nace de la unión entre la esperanza y la fe, con el pensamiento realista, la evaluación de riesgos y una excelente planificación.

El optimismo requiere trabajo duro. Hay que hacer la tarea.

El optimismo basado solamente en fe es una receta para el desastre, si a eso le unes la planificación, ya estamos en otro juego.

Ya que he aclarado el concepto de optimismo al cual me refiero en este libro, quiero decirte que la manera para desarrollar optimismo nace cuando defines tu propósito (o vocación) y te estableces metas. Todo este proceso lo vamos a discutir con más detalle en la segunda parte del libro. Pero es importante que sepas que si no tienes claro tu propósito en la vida (al menos en este momento de tu vida), y no tienes metas claras y escritas, la mente no va a conectar tu visión de vida con las metas y con

> El optimismo requiere trabajo duro. Hay que hacer la tarea.
> #tumomentoahora.com

el proceso que necesitas para llegar allá. En consecuencia, no vas a sentir el estado emocional optimista que necesitas para ser feliz.

Si vuelves a reflexionar en esas áreas de tu vida en que te sientes infeliz, puede ser que la razón es que no sientes optimismo acerca del futuro de esa situación en particular. Y es posible que no tengas una visión y metas claras en esa área de tu vida. Por ello no te estás sintiendo optimista y no estás sintiéndote feliz.

De la felicidad a la plenitud

> **El optimismo basado solamente en fe es una receta para el desastre, si a eso le unes la planificación, ya estamos en otro juego.**
> #tumomentoahora.com

Ahora sí, de la felicidad a la plenitud.

Felicidad y plenitud no son lo mismo. Felicidad tiene que ver contigo y tu círculo cercano (amigos, familia e hijos). Plenitud tiene que ver con la humanidad.

Una persona puede vivir en una isla con una linda familia y ser feliz, pero nunca será plena si no contribuye con la humanidad.

Y esta es la clave para moverse de la felicidad a la plenitud: contribución.

En mi libro *Despierta tu héroe interior* escribí la siguiente historia,[2] que repito a continuación:

> **Felicidad y plenitud no son lo mismo. Felicidad tiene que ver contigo y tu círculo cercano (amigos, familia e hijos). Plenitud tiene que ver con la humanidad.**
> #tumomentoahora.com

Bill Gates, entre los hombres más ricos del mundo, renunció en el año 2000 a la empresa que fundó para dedicarse, junto a su esposa, a liderar la Bill y Melinda Foundation, una fundación sin fines de lucro con el objetivo de atacar problemas complicados del mundo como la pobreza extrema y la deficiencia de salud en los países en desarrollo, y corregir las fallas del sistema educativo de Estados Unidos.

Bill había construido Microsoft, un sueño que lo había llevado a convertirse en el hombre más rico del mundo. Lo tenía todo. Sin embargo, tenerlo todo no era lo que estaba buscando. Él necesitaba más.

Eso es lo que se llama moverse de la felicidad a la plenitud.

Una familia hermosa, una esposa magnífica, grandes hijos, millones de dólares, casas, carros y viajes, pero al final descubrió que la plenitud viene cuando contribuyes a la humanidad.

Muchos de nosotros no podemos renunciar a nuestros negocios para dedicarnos a una causa sin fines de lucro, pero sí podemos utilizar nuestro conocimiento, influencia, dinero y poder para llevar a la humanidad un paso más hacia delante. ¿Cómo puedes utilizar tu trabajo para ser mentor de alguien que acaba de llegar? ¿Puedes destinar un pequeño porcentaje de tus ingresos a una causa noble? ¿Qué tal si conectas a dos personas que se beneficiarían mutuamente para una relación o un negocio, sin que tú tengas un beneficio económico?

Diariamente la vida nos da oportunidades de contribuir a la humanidad.

Cada día la vida nos da la oportunidad de convertirnos en «la gracia» para otra persona.

Imagina que no solo has hecho consciencia de «la gracia» en tu vida, sino que trabajas activamente para convertirte en «la gracia» de otros. Eso es la máxima contribución y el secreto para la plenitud en la vida.

Conviértete en la gracia.

> **La plenitud viene cuando contribuyes a la humanidad.**
> #tumomentoahora.com

CAPÍTULO 6

CERRANDO EL PASO I

EN EL AÑO 2016 ESTABA TRABAJANDO COMO *COACH* CON UNO DE MIS CLIENTES. ESTE era un hombre profundamente infeliz, amargado y lleno de ira para con los demás. Cualquier cosa lo hacía molestar. Sin embargo, era un hombre de grandes ideas, exitoso y con mucho dinero. Había logrado lo que muchos sueñan lograr, pero era infeliz y definitivamente nunca en un estado de plenitud. Tony Robbins dice que el éxito sin plenitud es el fracaso máximo.

Hicimos un ejercicio donde listamos los estados emocionales que él quería lograr, y en esa lista aparecían felicidad y paz, entre otros.

Luego le pregunté: ¿qué tiene que ocurrir para que te sientas feliz?

—Que las cosas me salgan como yo quiero —respondió.

—Háblame más —le dije.

—Bueno, que mis empleados hagan su trabajo bien, que mis hijos no se metan en problemas en la escuela y que mi esposa esté feliz cuando llegue a casa —respondió.

—¿Qué más te haría feliz? —le volví a preguntar buscando ahondar en el tema.

—Que uno de mis socios me venda su parte del negocio a un buen precio, y que también

> **Tony Robbins dice que el éxito sin plenitud es el fracaso máximo.**
> #tumomentoahora.com

dos de mis clientes principales cierren un nuevo trato con nosotros para los próximos tres años —dijo sin vacilar.

—Y ¿qué necesitas para tener paz? —le pregunté sobre el segundo estado emocional que había mencionado.

—Necesito que mis hijos me den un tiempo de paz el fin de semana y cuando llego en la noche a la casa. Necesito ganar una demanda que tienen contra mi empresa y nuevamente, que los dos clientes que te mencioné cierren el trato con nosotros por los próximos tres años —me dijo.

—Si tuvieras todo eso, ¿tendrías paz? —indagué.

—Sí, definitivamente —respondió mientras asentía con la cabeza con seguridad.

¿Cuál es el problema de este individuo?

Que nunca va a ser feliz y nunca va a tener paz. De hecho así se lo dije. Le comenté que le tenía una mala noticia y una buena; la mala era que nunca iba a ser feliz ni tener paz. La buena era que nunca iba a ser feliz ni tener paz... bajo esas reglas.

Las reglas que necesitaba cumplir para llegar a los estados de felicidad y paz eran imposibles de cumplir. De hecho, si las vuelves a leer, te darás cuenta de que en su vasta mayoría dependen de otra persona.

Para ser feliz necesita:

- Que las cosas le salgan como él quiere. ¿Cuál es la probabilidad de que todo lo que hagas te salga como tú quieres? Cero por ciento ¿Depende de él? No. Listo, un ingrediente para la infelicidad.

- Que sus empleados hagan su trabajo bien. ¿Cuál es la probabilidad de que todos tus empleados, en todas las circunstancias, hagan su trabajo bien? Cero por ciento ¿Depende de él? No. Otro ingrediente para la infelicidad.

Lo mismo ocurrirá con todo lo demás. Pero ¿qué de la paz?

- Que sus hijos le den paz el fin de semana y en las noches. ¿Qué probabilidad hay de que unos niños emocionados por ver a su padre vayan a estar tranquilos y en paz? Cero por ciento ¿Depende de él? No.

La demanda no depende de él; que los clientes renueven el contrato no depende de él.

Todas sus reglas para ser feliz y sentir paz son recetas para ser infeliz y sin paz.

Conversando con él lo llevé a este convencimiento. Bajo esas reglas, nunca iba a ser feliz.

Ese convencimiento cambió su vida para siempre. Comprendió la raíz de su amargura e infelicidad. Estaba basando sus estados emocionales en comportamientos de terceros.

La mayoría de nosotros somos iguales.

—¿Qué tal si cambiamos las reglas? —le pregunté.

Y empezamos a trabajar en nuevas reglas para alcanzar la felicidad y la paz. Reglas como «seré feliz si me despierto ante un nuevo día», «tendré paz porque tengo la convicción de que la vida sucede PARA mí, no A mí», «seré feliz porque existen cientos de clientes potenciales que necesitan mis servicios», etc.

Este proceso de convencimiento y reescritura de las reglas que lo llevaban a los diferentes estados emocionales, unido con la repetición diaria hasta que se crearan los nuevos patrones neuronales, cambiaron su vida.

> Si comprendes que conquistar lo interno es la clave en tu jornada, serás feliz, pleno, agradecido, compasivo, vivirás en paz.
> #tumomentoahora.com

Los hijos no se calmaron, la demanda no se había cerrado, sus clientes todavía no habían renovado el contrato y su socio no quería vender, pero era un hombre con paz y felicidad.

Logró conquistar lo interno.

No importa lo que suceda después de que hayas leído esta página, puedes lograr tu sueño o fracasar en el proceso, puedes seguir todas las estrategias y tácticas que te presentaré en las siguientes páginas, o puedes no seguirlas. Porque si comprendes que conquistar lo interno es la clave en tu jornada, serás feliz, pleno, agradecido, compasivo, vivirás en paz, etc.

Serás realmente exitoso.

Sin embargo, necesitamos conectar lo interno con lo externo.

SEGUNDA PARTE

PASO II.

CONECTANDO LO INTERNO CON LO EXTERNO

CAPÍTULO 7

DEFINIENDO TU PROPÓSITO (O VOCACIÓN)

HAY UNA VIEJA HISTORIA QUE UNA VEZ ESCUCHÉ SOBRE EL RABINO AKIVA QUE HABÍA estado en el pueblo para reunir algunos suministros. Caminando de regreso a su casa, distraídamente tomó el camino equivocado. De repente, una voz llegó a través de la oscuridad:

—¿Quién eres tú, y por qué estás aquí?

Asombrado ante la situación, Akiva se dio cuenta de que había entrado en la guarnición romana, y la voz había venido de un joven centinela romano. Pero siendo un rabino, respondió a la pregunta con otra pregunta:

—¿Cuánto te pagan para hacer guardia y hacer esa pregunta a todos los que se acercan?

El centinela, viendo ahora que no era un intruso sino un rabino, respondió amigablemente:

—Dos dracmas a la semana, señor.

En ese momento, el rabino le comentó:

—Joven, doblaré tu sueldo si vienes conmigo, te paras delante de mi cabaña y me haces esa pregunta cada mañana cuando empiezo mi día: ¿Quién eres tú, y por qué estás aquí?

¿Quién eres tú, y por qué estás aquí?

Sin embargo, yo cambiaría el orden de la pregunta de la siguiente forma:

¿Por qué estás aquí, y quién eres tú?

O mejor dicho: ¿Por qué estás aquí? y ¿en quién tienes que convertirte para hacerlo realidad?

> ¿Por qué estás aquí? y ¿en quién tienes que convertirte para hacerlo realidad?
> #tumomentoahora.com

La persona en la que necesitas convertirte precisa ser definida por la razón por la cual estás aquí en esta tierra. Y después, enfócate en construir a esa persona. Muchas veces vemos, en algunos casos con una envidia sana, a personas que están viviendo de su pasión y su propósito. Algunas de ellas inclusive exitosas. Observamos cómo artistas y deportistas famosos, que en un año hacen más dinero que nosotros en toda nuestra vida, hacen lo que les apasiona cada día.

Pero a veces olvidamos que ellos construyeron a esa persona. Messi, Michael Phelps, Serena Williams, Michael Jordan, Pelé, Tom Hanks, Julia Roberts, Al Pacino, Meryl Streep, y muchos más, se construyeron a sí mismos. Descubrieron su pasión, propósito o vocación, y se transformaron en la persona que necesitaban ser para llegar ahí. Para nadie fue fácil.

Sin embargo, quiero desmontar unos mitos sobre el «propósito» o la «vocación»:

1. Primer mito: mi propósito es eterno

> La persona en la que necesitas convertirte precisa ser definida por la razón por la cual estás aquí en esta tierra.
> #tumomentoahora.com

Tu propósito no necesariamente es eterno, dura toda tu vida. Diferentes etapas de tu vida pueden tener diferentes propósitos. Tal y como comentaba anteriormente de la historia de Bill Gates, su propósito por muchos años fue crear la compañía de software más poderosa y grande del mundo. Esa plataforma y los recursos que le generó, fue lo que le permitió, años más tarde, dedicarse a su fundación a tiempo completo. Su propósito cambió.

En la medida que maduramos y tenemos diferentes experiencias, nuestras necesidades cambian, nuestra perspectiva de la vida cambia, nuestras prioridades cambian. Tu propósito o vocación puede cambiar también.

Creo que una de las razones por las cuales muchas veces nos congelamos y no podemos definir un propósito de vida es porque creemos que estamos firmando un contrato para la eternidad. Relájate un poco. Puede cambiar, puede evolucionar, puede dar un giro de ciento ochenta grados en un momento de tu vida.

> **Tu propósito no necesariamente es eterno, dura toda tu vida. Diferentes etapas de tu vida pueden tener diferentes propósitos.**
> #tumomentoahora.com

2. Segundo mito: mi propósito debe ser único y específico

Los propósitos específicos pueden limitar tu accionar en la vida. Es preferible hacerlos un poco más generales para darles espacio a las experiencias y a la curiosidad. Por ejemplo, una persona que defina su propósito como: «Ser un agente de transformación positiva a través de mi iglesia» podría estar limitando su accionar. Esta persona puede ser un agente de transformación positiva en la iglesia, pero también en su negocio y cuando está esperando para pagar la luz.

Otro aspecto interesante es que debemos darle campo a la curiosidad. Experimentar nuevas cosas puede abrirte panoramas innovadores para cumplir o expandir tu propósito. Por ejemplo, una persona puede enamorarse de un nuevo pasatiempo, o viajar a un país y quedar conectada con esa comunidad, puede explorar comenzar un blog o un podcast y cambiar rotundamente su vida.

> **Los propósitos específicos pueden limitar tu accionar en la vida.**
> #tumomentoahora.com

3. Tercer mito: mi propósito tiene que ser algo que me guste

No necesariamente. Muchos propósitos nacen del dolor. De hecho la palabra pasión tiene dos significados: inclinación ferviente hacia algo o alguien, y dolor. Podemos decir que la pasión es la capacidad de una persona de pasar por dolor por algo o alguien. Existen personas que les fascina su pasión: tocan piano, pintan, escriben un libro, trabajan con niños, etc. Pero en otras personas la pasión nace del dolor: esclavitud humana, justicia social, libertad, etc.

> Podemos decir que la pasión es la capacidad de una persona de pasar por dolor por algo o alguien.
> #tumomentoahora.com

4. Cuarto mito: la pasión es todo lo que necesitas

Si la pasión fuera todo lo que necesitamos en la vida, todos estaríamos viviendo de nuestra pasión. Nada más alejado de la realidad. ¿Podría Bill Gates haber tenido el impacto que tiene hoy en día en su fundación si no hubiera fundado Microsoft y la hubiera convertido en lo que es hoy? De ninguna manera. ¿Pudiera Arnold Schwarzenegger haber sido gobernador de California si no hubiera construido su carrera artística? ¿Pudiera haber construido su carrera artística si no hubiera aprendido a ser un emprendedor involucrándose en los negocios de bienes raíces? Y ¿hubiera podido hacer todo eso si no hubiera primero construido su cuerpo para convertirse en Mr. Universo y Mr. Olympia siete veces?[1] No lo creo. Ellos construyeron un camino de múltiples pasiones y golpes de timón que los llevaron a donde están hoy.

Necesitas más que pasión. Necesitas capacidad y un mercado.

> Necesitas más que pasión. Necesitas capacidad y un mercado.
> #tumomentoahora.com

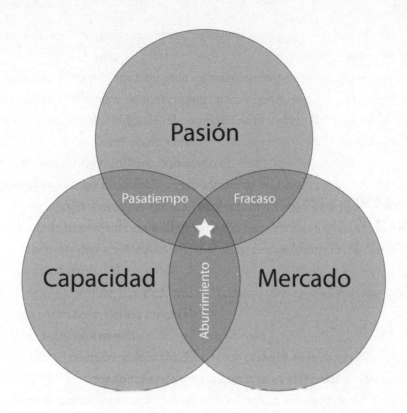

La pasión por sí sola no es suficiente, pero es un pilar fundamental. Si le unes tu capacidad y consigues un mercado, tienes un propósito o vocación.

La capacidad es el conjunto de habilidades que necesitas para llevar tu pasión a la realidad. La capacidad es, como comentamos antes, la determinación de convertirte en el hombre o la mujer que necesitas ser para llevar a la realidad tu pasión. En la capacidad vienen las noches largas, las prácticas cada día, la disciplina, la persistencia, la decisión de aprender una habilidad a toda costa, a pesar de que tus amigos estén disfrutando en un bar.

> La pasión por sí sola no es suficiente, pero es un pilar fundamental. Si le unes tu capacidad y consigues un mercado, tienes un propósito o vocación.
> #tumomentoahora.com

La pasión viene del corazón; la capacidad viene de tu cuerpo y de tu mente. Práctica y práctica y más práctica. Punto.

Ahora bien, me gustaría aclarar algo, necesitas práctica y práctica y más práctica. Pero necesitas algo más para desarrollar la capacidad.

Yo soy un fiel creyente del poder de la práctica. Sin embargo, depender de la práctica persistentemente como el arma segura que te llevará a desarrollar la capacidad necesaria para tener éxito puede ser un error que pagarás caro y te dejará frustrado.

Existe un elemento imprescindible, que usualmente olvidamos, para hacer de la práctica el arma poderosa que es.

> **La pasión viene del corazón; la capacidad viene de tu cuerpo y de tu mente.**
> #tumomentoahora.com

Recuerda que persistir haciendo las actividades incorrectas te llevará al fracaso.

Persistir haciendo las actividades correctas te llevará al éxito.

Persistir utilizando las herramientas incorrectas te llevará a la frustración.

Persistir utilizando las herramientas correctas te llevará al éxito.

La clave está en las actividades y en las herramientas.

Solo las actividades correctas con las herramientas correctas hacen de la práctica lo poderosa que es: persistencia efectiva.

El proceso de la «persistencia efectiva» tiene cuatro pasos:

1. Definición de objetivo

Aunque parezca trivial, muchos arrancamos con una actividad sin tener claro el objetivo. Hacer ejercicio para mejorar la salud no es lo mismo que hacer ejercicio para ser capaz de correr un maratón. Comenzar un negocio para hacer un dinero extra no es lo mismo que comenzar un negocio para hacerte millonario o hacerte libre financieramente.

> **Solo las actividades correctas con las herramientas correctas hacen de la práctica lo poderosa que es: persistencia efectiva.**
> #tumomentoahora.com

Las metas deben tener ciertas características que discutiremos a fondo en un capítulo más adelante:

A) Ser escritas
B) Ser específicas y medibles
C) Con una fecha
D) Inspiradoras

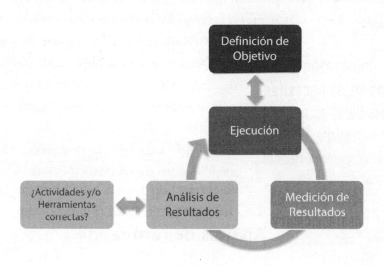

2. Ejecución

Luego de definir la meta y el objetivo, comienza el proceso de práctica. Entonces es cuando se sostiene la persistencia y cuando la misma muestra todo su poder.

La persistencia es la capacidad de mantenerte en la ejecución hasta que los objetivos se cumplan.

Ahora bien, existen dos pasos que muchas personas dejan a un lado sosteniéndose solo en la práctica. Este error las lleva a la frustración y el fracaso.

> La persistencia es la capacidad de mantenerte en la ejecución hasta que los objetivos se cumplan.
> #tumomentoahora.com

3. Medición de resultados

La única razón por la cual las metas necesitan ser medibles es que las midas. Punto.

Necesitas volverte un experto de tus resultados. ¿Cuántas llamadas necesitas hacer para concertar una cita? ¿Cuántas citas necesitas hacer para realizar una venta? ¿Cuántas repeticiones o millas necesitas hacer para quemar X calorías o bajar X kilogramos de peso?

> **La única razón por la cual las metas necesitan ser medibles es que las midas. Punto.**
> #tumomentoahora.com

Definir metas medibles te da la posibilidad de medir. Medir te da data. La data te ayuda a ver si estás en el camino para lograr tu meta o no.

La esperanza no es una estrategia. Un plan medible y con data medida sí es una estrategia.

4. Análisis de resultados

En este punto lo más importante es responder dos preguntas: ¿estoy yendo en la dirección correcta? Si la respuesta es afirmativa, continúa practicando tal como lo vienes haciendo. Si la respuesta es negativa, necesitas hacerte la siguiente pregunta: ¿es la actividad que estoy haciendo y/o las herramientas que tengo las correctas?

Este es el punto en que analizas tu proceso de venta, tu *pitch*, tu página web, tu campaña de mercadeo, tu estrategia de aprender a tocar un instrumento musical, etc.

Luego, en base a los resultados de tu análisis, das un golpe de timón de ser necesario y vuelves al paso de la ejecución.

De nada sirve mantenerte persistentemente practicando de una forma incorrecta. El proceso de medición y análisis de resultados te permitirá ajustar o cambiar la estrategia para volver al mercado a tener mejores resultados.

La clave para desarrollar cualquier capacidad es agregarle a la práctica un sistema de retroalimentación que te permita medir el progreso.

Ahora bien, una persona con una pasión y una capacidad, tan solo tiene un pasatiempo. Puedes tener una pasión por la pintura, y pintar de maravilla, pero sin un mercado (un grupo de personas dispuestas a pagarte por tu producto o servicio), solo tienes un pasatiempo.

Por eso necesitas un mercado. Si no tienes un mercado, a menos que un papá millonario te mantenga, va a ser imposible desarrollar tu propósito.

¿Cómo consigues un mercado? Es sencillo: defines quién es tu cliente ideal, lo buscas, lo conoces más de lo que él se conoce a sí mismo, aprendes de sus necesidades y creas un

> **La clave para desarrollar cualquier capacidad es agregarle a la práctica un sistema de retroalimentación que te permita medir el progreso.**
> #tumomentoahora.com

producto o servicio que le agregue valor a su vida. Para darte un ejemplo, te voy a contar la historia de este libro.

A finales de 2015 le envié una encuesta a un grupo selecto de mis seguidores. Estos eran mis clientes ideales, habían comprado el libro *Despierta tu héroe interior*, me habían dejado reseñas en Amazon, seguían mi podcast, comentaban en mis artículos, me escribían correos electrónicos, etc. Llamémoslos mis superfans.

En esta encuesta les pregunté varias cosas, y entre las respuestas, me di cuenta de que tenían la necesidad de un programa completo de desarrollo humano que los llevara desde adentro hacia afuera, paso a paso. Al detectar esa necesidad, creé un curso llamado «La Academia de Héroes» que, para el momento, es mi curso más exitoso. La venta del curso fue todo un éxito, el mensaje resonó con mi audiencia y en dos semanas más de seiscientos cincuenta personas pagaron y se inscribieron en él.

Pero eso no fue todo; el curso resultó un éxito y trajo una transformación magnífica en una gran mayoría de mis alumnos. Cuando les pregunté en un comentario en Facebook, recibí cientos de respuestas maravillosas de personas a las que les había cambiado la vida.

En ese momento llamé a Larry Downs, que ya me había presentado la propuesta de hacer un segundo libro, y lo convencí de que necesitábamos tomar el concepto del curso La Academia de Héroes y pasarlo a un libro. Ya sabía que había bendecido a miles de personas, era el momento de pasarlo a una plataforma que bendijera a decenas y cientos de miles de personas.

Así nació este libro. Conociendo a mis clientes ideales, y creando un producto que les agregara valor y llenara su necesidad. Al probar el éxito del concepto, decidí expandirlo a este libro.

Otro ejemplo interesante sucedió hace poco cuando estaba reunido con otro cliente del cual soy su *coach* personal. Él tiene el sueño de montar un *coffee shop*. Tiene en su mente un concepto tan maravilloso de la tienda que está convencido de que será todo un éxito en su país.

Este individuo no solo está apasionado por el negocio y la industria del café, sino que es sumamente inteligente, desarrolló un plan de negocios, se entrenó en el proceso de hacer un buen café, etc. Es decir, tiene la capacidad y la pasión.

> **Luego que descubres la necesidad, lleva el producto o servicio al mercado.**
> #tumomentoahora.com

Mi dirección como *coach* fue exactamente lo mismo que hice anteriormente, definir su cliente ideal (por ejemplo, en su caso eran pequeños empresarios entre veinticinco y treinta y cinco años que no tienen oficina y se reúnen en los cafés para hacer negocios) y salir a conocerlo ¿Cómo? Le pedí que fuera a otros cafés donde se reúnen y se les acercara y les hiciera preguntas para conocerlos, entender sus necesidades y tratar de descubrir cuál es esa necesidad que, si la llenas y le agregas valor, se convertirían en clientes de por vida.

Luego que descubres la necesidad, lleva el producto o servicio al mercado.

Lo mismo sucede dentro de una organización si eres empleado y te encanta lo que haces. Puedes tener la pasión y la habilidad, pero si no agregas valor a tu cliente ideal (que puede ser tu jefe, tu equipo, algún departamento o los clientes de la empresa) siempre serás dispensable. Pero si por el contrario, defines a tu cliente ideal y le agregas valor, serás indispensable en la organización.

Recuerda que necesitas los tres aspectos para poder definir y vivir tu propósito: la pasión, la capacidad y el mercado.

Si tienes pasión y capacidad pero no hay mercado, tienes un pasatiempo.

Si tienes pasión y mercado pero no la capacidad, vas a ser un fracasado toda la vida.

Si tienes un mercado y la capacidad pero no la pasión, vivirás frustrado y aburrido. (De hecho este último es el caso de muchos empleados, tienen la capacidad —por eso fueron contratados—, tienen el mercado —por eso están dispuestos a pagarles—, pero no tienen pasión por lo que hacen).

Esta es la historia de un individuo que llamaremos Jim. Desde niño estaba fascinado con la batería. Cuando sus padres aceptaron la realidad de la pasión de su hijo y le compraron el maravilloso instrumento que mantuvo a toda la comunidad al borde del desespero, Jim no paró de practicar y practicar cada vez que podía.

Sus padres, correctamente, le ajustaban el tiempo de práctica, asegurándose de que Jim hiciera sus tareas del colegio y otras labores. Siempre le aseguraban que muy probablemente él no iba a vivir tocando batería con una banda famosa, así que necesitaba desarrollar una carrera normal.

Jim, a punta de golpes y tropezones, terminó la secundaria y la universidad. Su sueño de ser parte de una banda famosa nunca se hizo realidad, pero al menos tenía su carrera y su trabajo en el que le pagaban bien.

Pero seguía soñando con su batería.

Ahí estaba su pasión.

Ahora bien, Jim no estaba en una banda famosa y, aunque era muy bueno en el instrumento, no estaba al nivel de los mejores bateristas del mundo, y sería una locura renunciar a su trabajo para buscar ser contratado por una de estas bandas de clase mundial.

Sin embargo, estando Jim claro en su pasión, empezó a pensar en cuáles eran las habilidades adicionales que él tenía y que eran necesitadas en el mercado. En primer lugar definió que era bueno en tecnología, grabación y edición audiovisual, y era un buen comunicador. También sabía, por su experiencia en el mundo de la música, que había miles y miles de personas que querían aprender a tocar batería pero no tenían el tiempo, aunque sí soñaban con, eventualmente, aprender el instrumento.

Entonces Jim creó un programa de enseñanza de batería por internet. Poco a poco fue desarrollando videos y guías que iban desde el nivel principiante hasta habilidades mucho más complejas. Su producto era excelente y las personas podían aprender en su hogar a la hora que estuvieran disponibles.

Jim unió su pasión (tocar la batería) con su habilidad (hacer videos y enseñar) con un mercado (personas que quieren aprender a tocar batería pero necesitan hacerlo en su propio tiempo y a su propio paso).

Hoy en día, se estima que el programa de Jim vende cerca del millón de dólares anualmente. Y por supuesto, Jim ya no está en su empleo anterior. Jim conectó su pasión, con su habilidad y con el mercado.

¿Qué estás esperando?

CAPÍTULO 8

CONSTRUYENDO TU MARCA PERSONAL

EL CONSUMIDOR REACCIONA DE DOS MANERAS DISTINTAS FRENTE A UN PRODUCTO: O lo percibe como una marca, o lo percibe como un *commodity*. Los *commodities* son productos o servicios en los que al consumidor realmente no le interesa la marca, le da igual porque para él son lo mismo. Por ejemplo, si sales al mercado a comprar hielo para un fiesta, ¿realmente te importa la marca del hielo, o compras cualquiera que esté disponible? Es porque percibes el hielo como un *commodity*.

Otros ejemplos de *commodity* pueden ser el azúcar refinada, la harina de trigo, un taxi o autobús, la gasolina, etc. Con estos productos y servicios, el consumidor lo que está buscando es conveniencia (escoge el que tenga más a la mano) o precio (escoge el más barato). En el mundo de los *commodities* los únicos aspectos que mueven al consumidor son la conveniencia y el precio. Si tu producto es considerado

> **Si tu producto es considerado un *commodity* (a la gente no le importa la marca), entonces estás en un juego bien difícil, de márgenes pequeños y sin lealtad del consumidor.**
> #tumomentoahora.com

un *commodity* (a la gente no le importa la marca), entonces estás en un juego bien difícil, de márgenes pequeños y sin lealtad del consumidor.

Cuando tenía doce años viajé de Venezuela a Cleveland, Ohio, para aprender inglés. Recuerdo una noche que estaba caminando hambriento y me paré junto a mi tutor en una pizzería cerca de mi dormitorio. Compré una *pizza* sencilla y pagué catorce dólares americanos.

> **Cuando construyes una marca, sales del juego del *commodity*, tienes precios ajustados al valor que le estás dando a tu cliente.**
> #tumomentoahora.com

En el momento que escribo estas líneas, veintiséis años después, puedo ir a comprarme una *pizza* el doble de grande por seis dólares americanos. ¿Cómo es posible que años después, las *pizzas* cuesten menos de la mitad? Porque la industria de la *pizza* rápida convirtió en un *commodity* el mercado.

Todo comenzó con una pequeña competencia de precios temporal, que se extendió y se amplió. Luego para poder mantener el margen de ganancia tuvieron que disminuir la calidad de los ingredientes y con los años, para el consumidor, todas las *pizzas* rápidas eran exactamente iguales. Hechas con los ingredientes más baratos del mercado (todos *commodities*, por cierto), los mismos *toppings*, la misma versatilidad de entrega en tu casa (ya la conveniencia no era un problema para el consumidor porque cualquier «marca» podía entregar a tu casa), etc. La industria de las *pizzas* rápidas se convirtió en un *commodity*, es decir, un juego de precios.

> **Mientras más poderosa es la marca, mayores son los márgenes de ganancia.**
> #tumomentoahora.com

Por eso hoy, veintiséis años después, me puedo comer una *pizza* más grande por menos de la mitad del precio. Ellos mismos destruyeron su propia industria.

Por otro lado, cuando construyes una marca, sales del juego del *commodity*, tienes precios ajustados al valor que le estás dando a tu cliente, y márgenes que te permiten expandir tu empresa, invertir en innovación y mercadeo, y continuar creciendo la marca.

Marcas de lujo como Louis Vuitton tienen márgenes estimados al noventa y cinco por ciento. Es decir, una cartera que venden en mil dólares americanos, les pudo haber costado producir tan solo cincuenta dólares. He escuchado personalmente a Tony Robbins decir que su tarifa como *coach* es un millón de dólares al año (e incluye cuatro sesiones al año de tres horas cada una). Se ha hecho público que Hillary Clinton cobra doscientos cincuenta mil dólares por dar una charla. Harley Davidson, Porshe, Ferrari, Range Rover son todas marcas que tienen altos márgenes. Apple tiene más de cien billones de dólares en efectivo en sus cuentas (para el momento que escribo este libro) ¿A qué se debe eso? No solo a que venden mucho, sino que tienen altos márgenes. Mientras más poderosa es la marca, mayores son los márgenes de ganancia.

Exactamente igual es contigo. Tú eres una marca. Tu marca personal.

Siempre nos estamos vendiendo. Bien sea que eres un empleado o tienes un negocio, nosotros nos estamos vendiendo al mundo. Tú decides si eres un *commodity* (eres igual a todo el mundo y el mercado te pagará cuando seas lo más conveniente y lo más barato) o decides construir una marca personal (te conviertes en un individuo que agrega un valor claro y único en el mercado, y el mercado te recompensa abundantemente por eso).

¿Prefieres ser un *commodity* o una marca? Como intuyo tu respuesta, te voy a explicar cómo crear tu marca personal.

Para crear una marca poderosa, necesitas definir cinco aspectos importantes:

> **Exactamente igual es contigo. Tú eres una marca. Tu marca personal.**
> #tumomentoahora.com

1. Tu *target* o cliente ideal
2. Tus valores
3. Tu punto de diferenciación
4. Tus acciones diarias que llevarán tu punto de diferenciación y tus valores a la realidad
5. Tu esencia personal

1. Tu *target* o cliente ideal

Esto lo conversamos un poco en el capítulo anterior. Expliqué que el proceso para descubrir o penetrar un mercado era definir tu cliente ideal, comprender sus necesidades y agregarle valor. Este paso es neurálgico en el desarrollo de tu marca personal. ¿Tu objetivo es ser *coach* para todo el mundo, o especializarte en atletas de alta competencia, por ejemplo? Si decides ser un *coach* para todo el mundo, estás en el camino de convertirte en un *commodity*. ¿Quieres ser conferencista para corporaciones de negocios, o para iglesias, o para universidades? ¿Tus servicios de diseño son para pequeños emprendedores o grandes corporaciones? ¿Tu constructora acepta cualquier proyecto (desde una remodelación de un baño hasta la construcción de un edificio) o estás enfocado en proyectos de gran envergadura?

> **Definir a tu cliente ideal es clave para iniciar el proceso de construir una marca y alejarte de los *commodity*.**
> #tumomentoahora.com

Definir a tu cliente ideal es clave para iniciar el proceso de construir una marca y alejarte de los *commodity*. Definir a tu *target* o cliente ideal te mostrará un norte más claro, sabrás qué conocimiento debes desarrollar, cuáles herramientas y equipos necesitas, cómo hacer el mercadeo, qué lenguaje utilizar, cuáles son las necesidades específicas de ese cliente que solo tú puedes suplir de una manera única, etc.

2. Tus valores

> **Las relaciones comerciales son relaciones de valores.**
> #tumomentoahora.com

La relación entre tu cliente y tu persona siempre será una relación de valores. Por encima de tu producto o servicio, serán atraídos y se mantendrán como cliente por la alineación de valores que tengan. Un cliente que tiene como valor el trabajo duro y la responsabilidad, no soportará hacer negocios con alguien que es incumplido y solo trabaja lo mínimo. Las relaciones comerciales son relaciones de valores.

Conocer a tu cliente ideal te permitirá entender sus valores y desarrollar tu marca personal alrededor de esos valores. Si para tu cliente ideal la honestidad es un valor importantísimo, mejor salte del negocio si no estás dispuesto a ser honesto. Porque tu marca personal se irá al piso violentamente.

Ahora bien, tus valores no tienen que ser exactamente los valores de tu cliente ideal, pero sí tiene que haber una alineación natural.

Todos tenemos muchos valores, pero para definir tu marca personal podemos comenzar con cinco. De la siguiente lista de valores, escoge los cinco más importantes que te definen y se alinean con tu cliente ideal (puedes agregar cualquier valor que no esté en la lista):

> **Conocer a tu cliente ideal te permitirá entender sus valores y desarrollar tu marca personal alrededor de esos valores.**
> #tumomentoahora.com

Éxito, logro, autonomía, reto, comunicación, competencia, coraje, creatividad, curiosidad, disciplina, diversidad, efectividad, igualdad, empatía, familia, flexibilidad, amistad, libertad, crecimiento, felicidad, armonía, salud, honestidad, integridad, esperanza, humor, independencia, innovación, inteligencia, amor, lealtad, paciencia, poder, productividad, prosperidad, riqueza, calidad, reconocimiento, respeto, riesgo, seguridad, servicio, simplicidad, espiritualidad, trabajo en equipo, confianza, variedad, sabiduría, verdad,

otro: _____

Ahora lista los cinco valores que aparecen abajo y colócales el porcentaje de importancia que consideras necesita tener en tu vida para convertirte en la marca personal que requieres para satisfacer a tu cliente. La suma de los porcentajes de los cinco valores necesita ser cien por ciento. Te dejo un ejemplo:

#1 Armonía	35%
#2 Familia	25%
#3 Curiosidad	15%
#4 Inteligencia	15%
#5 Reconocimiento	10%
Total	100%

Ahora coloca tu lista:

#1 _____	____%
#2 _____	____%
#3 _____	____%
#4 _____	____%
#5 _____	____%
Total	100%

¿Por qué es importante colocarlos en orden de importancia? Porque es lo que te va a permitir priorizar las acciones para llevar estos valores a la realidad. Verás más de esto adelante.

3. Punto de diferenciación

El punto más importante de tu marca personal, y el que la mayoría de las personas pasan por alto, es tener un punto de diferenciación. Mientras más claro sea tu punto de diferenciación, más alejado estarás de ser un *commodity*.

En Chicago, si vas a la pizzería Gino's o Giodano's, vas a tener que pagar entre treinta y cuarenta dólares americanos por una *pizza*. ¿Por qué? Porque tienen la *pizza deep-dish* más famosa de Chicago. Tienen un punto de diferenciación. No son la *pizza* de Domino's o Papa John's. Son únicas. En consecuencia, te cuestan de seis a ocho veces más. Mientras unos se fueron por la rama del *commodity* haciendo las *pizzas* cada vez más mediocres pero a mejor precio, otros restaurantes decidieron construir una marca: crearon una *pizza* única, con ingredientes de alta calidad en una experiencia diferente, y cobran siete veces más por la *pizza*. El secreto es el punto de diferenciación.

> **El secreto es el punto de diferenciación.**
> #tumomentoahora.com

¿Quieres comenzar un blog? ¿Cuál es tu punto de diferenciación? ¿En qué te diferencias del mercado?

¿Eres un médico o dentista? ¿Cómo eres diferente a todos los demás?

Seth Godin, llamado por muchos como el semidiós del mercadeo, cuenta la siguiente historia (parafraseada, exagerada y con mi toque personal):

Estás en tu vehículo pasando por una zona montañosa y de repente ves una vaca blanca con manchas negras. Emocionado te pegas al vidrio de la ventana para verla más de cerca. Cuál es tu sorpresa al ver que a los pocos metros hay otra, y luego otra y luego otra. A los pocos minutos estás viendo cientos de vacas blancas con manchas negras en ambos lados de la vía. Unos minutos más tarde ya no hay nada de especial, simplemente un mar de vacas blancas con manchas negras a todo tu alrededor. Tu vista se vuelve a enfocar en la vía y sigues hacia adelante sin ponerle mayor enfoque a las vacas a tu alrededor.

Un tiempo más tarde, de repente, ves entre las vacas blancas con manchas negras, una vaca morada. Todas tus alarmas se prenden. ¿Una vaca morada? Te paras, sacas tu cámara, le tomas unas fotos, las subes a Instagram y Facebook, llamas a algún familiar y le cuentas sobre la vaca morada. Llegas de vuelta a tu casa y le cuentas a todo el mundo, al día siguiente lo comentas en tu trabajo y por años y años, en cada fiesta familiar, nunca falta tu historia de la vaca morada.

Necesitas convertirte en una vaca morada. Las vacas blancas con manchas negras son *commodity*. La vaca morada es única. ¿Cuánto crees que pagarían por la vaca morada? ¿El doble de lo que se paga por una vaca blanca con manchas negras? ¿El triple? ¿O quizás diez o hasta cien veces más?[1]

Eso es lo que vale la vaca morada.

Starbucks, la cadena de café más grande de Estados Unidos, se lanzó al mercado vendiendo un café cinco veces más caro que la competencia. Apple vende computadores que cuestan tres o hasta cuatro veces más caros que su siguiente competidor. Nordstrom es una de las cadenas de tiendas por departamento más caras de Estados Unidos y es la que está en mayor crecimiento mientras sus competidores están en el filo de la bancarrota (y sus competidores ofrecen productos muchos más económicos). Todas estas marcas tienen un claro punto de diferenciación.

A principios de 2017 lancé mi libro *Awaken Your Inner Hero* (traducción al inglés de *Despierta tu héroe interior*) y decidí contactar a unos de los expertos de mercadeo en el área de lanzamiento de libros en el mercado del idioma inglés: Ryan Holiday. Ryan no solo es un experto en el lanzamiento de libros, sino que él mismo ha llevado varios de sus libros a las listas de los más vendidos de Estados Unidos. Ryan aceptó ayudarme y me envió un estimado de su consultoría que significaba aproximadamente mil dólares por hora. ¡Mil dólares por hora! Pero la realidad es que lo vale. Él se ha convertido en el mejor y más reconocido experto del marketing en la industria de los libros. Él construyó su marca y ahora cobra mil dólares por hora. En el mundo del marketing de libros, Ryan Holiday es la vaca morada.

Mientras más claro tengas tu punto de diferenciación, más claro te separarás de tu competencia y más rápido te alejarás de ser un *commodity*.

> **Mientras más claro tengas tu punto de diferenciación, más claro te separarás de tu competencia y más rápido te alejarás de ser un commodity.**
> #tumomentoahora.com

Cuando defines a un cliente ideal (en vez de tratar de conectar con todo el mundo) y tienes un punto de diferenciación claro, creas lo que se llama un nicho de mercado, y lo dominas. ¿Qué crees que es más fácil, lanzar una bebida y convertirte en el #1 reemplazando a CocaCola, o escoger un nicho de, por ejemplo, emprendedores jóvenes que buscan estar saludables, pero por su intenso trabajo, necesitan una bebida que los llene de energía pero que sea sostenida y sana? Definitivamente la segunda. Aunque el mercado de bebidas es gigantesco, es inmensamente difícil quitarle participación de mercado a los grandes si tu *target* es el mercado general, pero si tu *target* es un mercado mucho más pequeño, y creas un producto diferenciado (bebida energética saludable y sostenida) tus clientes te recompensarán por eso.

El último aspecto es la esencia personal.

4. Tus acciones diarias

Algo que siempre me ha fascinado de las películas es que el director se ve forzado a utilizar la acción del personaje (y nada más) para transmitir a la audiencia lo que es el personaje. Al respecto te dejo un extracto de mi libro *Despierta tu héroe interior*:

... Las películas normalmente no pueden transmitir intención, solo acción. Si tú quieres que la audiencia perciba a tu personaje como generoso, él necesita hacer un acto de generosidad. Si quieres que la audiencia lo perciba como miedoso, tiene que huir de forma cobarde de una situación. Si quieres que sea un héroe, necesita vencer el miedo y lanzarse a la historia de forma real; tiene que tomar acción, no simplemente tener la intención [...] Y eso me gusta. Creo que al final de nuestras vidas lo importante van a ser las acciones que tomamos y no la intención que tuvimos. Yo no quiero que las personas me recuerden como el hombre que quiso ser un buen padre, que quiso ser honesto, que quiso tener dominio propio, que quiso seguir a Dios. Quiero que las personas me recuerden porque lo hice.

Al final lo que importa es la acción, no la intención.[2]

Repito las palabras de Steven Pressfield cuando hace referencia al poder de la acción:

Si mañana por azares del destino, todas y cada una de esas almas despertaran con el poder de dar el primer paso para cumplir sus sueños, todos los psiquiatras del mundo se quedarían desempleados. Las prisiones se vaciarían. Las industrias del alcohol y el tabaco se vendrían abajo, junto con las de la comida basura, la cirugía estética, la publicidad, por no nombrar a las compañías farmacéuticas. La violencia doméstica se acabaría, al igual que las adicciones, la obesidad, las migrañas y los problemas de caspa.[3]

Tú definiste unos valores y un punto de diferenciación que son las piedras angulares de tu marca personal. Ahora necesitas actuar en una manera que las personas (tus clientes) perciban esos valores y ese punto de diferenciación.

¿Qué acciones diarias puedes ejecutar para que tus clientes te perciban como honesto, o trabajador, o creativo, etc.? Si tu punto de

> **Recuerda que es la acción y no la intención lo que hará la diferencia.**
> #tumomentoahora.com

diferenciación, como hablamos anteriormente, es una bebida energética saludable y sostenible, ¿cómo le comunicas eso a tus clientes y seguidores? ¿Cuáles son las acciones que necesitas tomar para que ellos lo capten? Recuerda que es la acción y no la intención lo que hará la diferencia.

A continuación te dejo un par de ejemplos de acciones diarias que desarrollarán la percepción en tu *target* de un valor específico y un punto de diferenciación (solo a manera de ejemplo):

- Valor: honestidad.

Asumiendo que soy el dueño de un taller mecánico de vehículos.

Acción: cada vez que le entregue una relación de pago o factura a mi cliente le haré un desglose extensivo del costo de cada pieza por parte de mi proveedor, le mostraré claramente las piezas que estaban malas y le explicaré el porqué tuve que reemplazarlas. También le mostraré de una forma transparente cuántas horas de trabajo invertí en reemplazar las piezas y la cuota que considero justa por conseguir, buscar e instalar las nuevas piezas.

- Valor: innovación.

Asumiendo que soy dueño de una escuela de primaria.

Acción: mensualmente enviaré una carta a los padres explicando las conferencias en las que participé para nutrirme en los cambios tecnológicos que impactan la educación, y les explicaré cuáles recursos tecnológicos para el aprendizaje estamos implementando en la escuela y cómo estos cambios impactarán positivamente a sus hijos.

Ahora un ejemplo de acción referida al punto de diferenciación:

- Punto de diferenciación.

Soy dueño de un coffee shop y mi punto de diferenciación es que estoy enfocado en emprendedores, las mesas y las sillas son ergonómicas para que puedan sentirse cómodos y trabajar varias horas. Tengo salas de conferencias con proyectores para rentar si es necesario o si necesitan tener una conversación privada. El internet que ofrezco es de alta velocidad. Mi punto de diferenciación es que soy el lugar perfecto para un emprendedor que no tiene oficina y necesita trabajar, reunirse y hacer negocio.

Acción: en la medida que recolecto los emails de los clientes, semanalmente les envío un boletín con uno o dos artículos escritos por expertos en negocios que los pueden ayudar en su jornada como emprendedores.

Un ejemplo de punto de diferenciación personal:

• Punto de diferenciación: soy un experto en salud y *fitness*. Las personas vienen a mí porque no hay nadie en mi entorno que sepa más de nutrición y de cómo ejercitarse efectivamente.

Acción: comenzar un blog de *fitness* y nutrición. Postear en mis redes sociales artículos escritos por mí que ayuden a las personas que quieren mejorar su condición física. Publicar dos artículos semanales.

Todas estas acciones comienzan a cambiar la percepción de las personas sobre tu marca personal. Recuerda es la acción y no la intención, lo que hace la diferencia.

5. Tu esencia personal

Stephen Covey, autor del *bestseller Los 7 hábitos de la gente altamente efectiva*, hace en su curso presencial bajo el mismo nombre, el siguiente ejercicio: te pide que cierres los ojos y te imagines que estás entrando a un funeral. Al entrar ves caras conocidas de familiares y amigos. En la medida que te acercas a la urna te das cuenta de que la persona en la urna eres tú.

La pregunta que Stephen te hace es: ¿qué te gustaría escuchar sobre ti en ese momento? Si pudieras estar en ese escenario, ¿qué te gustaría que tus familiares, amigos, compañeros, dijeran sobre ti?

> Tu esencia personal es lo que está en la mente y el corazón de tu cliente ideal, de tus familiares y de tus amigos, sobre tu persona.
> #tumomentoahora.com

La respuesta a esa pregunta es tu esencia personal.

Tu esencia personal es lo que está en la mente y el corazón de tu cliente ideal, de tus familiares y de tus amigos, sobre tu persona.

Esa percepción que empieza a crearse en tus clientes cuando pones la acción es lo que se llama la esencia personal. Si defines claramente a tu cliente ideal, clarificas tus valores y tu punto de diferenciación, y pones la acción diariamente alineada con tus valores y tu punto de diferenciación, la esencia personal se desarrolla sola.

La pirámide de tu marca personal

Luego que has definido los puntos anteriores de tu marca personal, lo mejor es reescribirlos en la pirámide de tu marca personal y luego colocar la pirámide en un lugar que puedas verla diariamente como el espejo de tu baño, tu refrigerador, tu agenda o en la oficina.

A continuación llena la pirámide de tu marca personal:

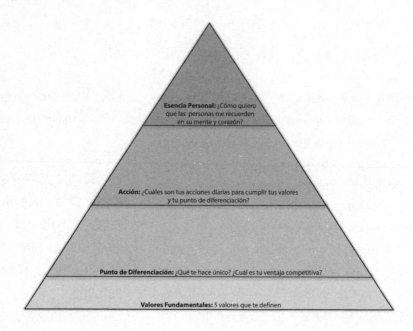

Hablemos ahora un poco más de la acción...

CAPÍTULO 9

METAS

EN EL AÑO 1958 EL PRESIDENTE DE ESTADOS UNIDOS, DWIGHT EISENHOWER, FUNDÓ
la Administración Nacional de Aeronáutica y del Espacio, conocida como
NASA, por sus siglas en inglés. La visión y los objetivos de la agencia eran
los siguientes:

1. La expansión del conocimiento humano acerca de los fenómenos
   en la atmósfera y el espacio.
2. La mejora de la utilidad, el rendimiento, la velocidad, la seguridad y
   la eficiencia de los vehículos aeronáuticos y espaciales.
3. El desarrollo y la operación de vehículos capaces de transportar
   instrumentos, equipos, suministros y organismos vivos a través del
   espacio.
4. El establecimiento de estudios a largo plazo sobre los beneficios
   potenciales que se pueden obtener de las oportunidades aeronáuticas y espaciales con fines pacíficos y científicos, las oportunidades
   y los problemas que ello conlleva.

¿Ya estás aburrido? Falta poco...

5. La preservación del papel de Estados Unidos como líder en ciencia y tecnología aeronáutica y especial, y en la realización de actividades pacíficas dentro y fuera de la atmósfera.

6. La puesta a disposición de las agencias que se ocupan directamente de la defensa nacional de los descubrimientos que tengan valor o significación militar y el suministro de tales agencias a la agencia civil establecida para dirigir y controlar las actividades aeronáuticas y espaciales no militares de información sobre descubrimientos que tengan valor o importancia para esa agencia.

7. La cooperación de Estados Unidos con otras naciones y grupos de naciones en los trabajos realizados de conformidad con esta ley y en la aplicación pacífica de los resultados de la misma.

No te duermas... uno más...

8. La utilización más eficaz de los recursos científicos e ingenieriles de Estados Unidos, con una estrecha cooperación entre todos los organismos interesados de este país, a fin de evitar la duplicación innecesaria de esfuerzos, instalaciones y equipos.

Sin embargo, algo pasó que cambió la historia.

John F. Kennedy, en el año 1961, se comprometió frente al mundo y sacudió a la agencia con estas palabras: «Vamos a colocar a un hombre en la luna y traerlo de vuelta sano y salvo antes de que se acabe la década».[1]

¿Te imaginas eso? Sitúate en 1960. Nadie nunca había puesto un pie en la luna. Era un territorio desconocido para la humanidad. Y un presidente, tres años después de fundada la agencia espacial, se compromete ante el mundo a completar una hazaña de esta magnitud.

No contento con lanzar el reto, también agrega en su discurso: «... si hacemos esto, no será un solo hombre en la luna, sino una nación entera...».

La NASA fue fundada con una serie de objetivos que dormirían al más fanático. Un presidente transformó líneas rimbombantes, genéricas y sin inspiración en una frase que cautivaría el corazón de una nación entera y colocaría a toda una agencia inspirada y alineada a un solo objetivo y vision:

«Colocar a un hombre en la luna y traerlo de vuelta sano y salvo antes de que se acabe la década».

Compara «El desarrollo y operación de vehículos capaces de transportar instrumentos, equipos, suministros y organismos vivos a través del espacio» con «colocar a un hombre en la luna y traerlo de vuelta sano y salvo antes de que se acabe la década».

Del cielo a la tierra.

Esta es la gran diferencia: la frase de John F. Kennedy era simple (en un lenguaje sencillo para cualquier mortal, no para genios de la NASA), inspirador (un reto único y que cambiaría el mundo), medible (puedes claramente definir el éxito o fracaso) y con una fecha (al final de la década).

John F. Kennedy transformó párrafos de palabras en «una meta».

Así se construye una meta.

Las metas bien construidas tienen ciertos aspectos que vale la pena mencionar:

1. Las metas necesitan ser escritas

Uno de los procesos más poderosos que existe es pasar las ideas que tienes en la mente al papel (o a tu dispositivo electrónico). Te obliga a clarificar lo que quieres. Algo interesante que aprendí en mis tiempos en Procter & Gamble, una cultura enfocada en la escritura, es que no hay manera de que al escribir una mala idea, se vea como buena.

Cuando uno escribe sus ideas es como enfrentarlas al jurado del papel, y ese proceso filtra las malas ideas porque se te hace inmensamente difícil crear una historia que haga sentido.

Si una persona o empresa tuviera una deuda contigo de un millón de dólares, ¿te gustaría tener un documento que clarifique la deuda o estarías tranquilo con que la deuda estuviera en «la mente» del individuo o del presidente de la empresa?

Pues metas bien establecidas te pueden dar mucho más que un millón de dólares.

> **No hay manera de que al escribir una mala idea, se vea como buena.**
> #tumomentoahora.com

2. Las metas necesitan ser específicas y medibles

John F. Kennedy fue específico, y su meta era completamente medible. Llevar a un hombre a la luna y traerlo de vuelta a la tierra sano y salvo es suficientemente específico y claramente medible. ¿Llegó a la luna? Sí o No. ¿Volvió sano y salvo? Sí o no.

Muchas veces nos colocamos metas ambiguas como «ser más generoso» o «mejorar mi salud» o «ser libre financieramente». Todas son buenos indicios que te dan una dirección hacia donde quieres llegar, pero «ser más generoso» es muy ambiguo. ¿Cómo sabrás si lo lograste? ¿Si el año pasado donaste mil dólares, y este año donaste mil dólares con 10 centavos, eres más generoso? Técnicamente sí. ¿Qué significa ser libre financieramente? ¿Un millón de dólares? ¿Diez millones? ¿Ingresos pasivos por encima de diez mil dólares al mes? Muy ambiguo.

Imagina si John F. Kennedy hubiera dicho: «Desarrollar vehículos capaces de transportar instrumentos, equipos, suministros y organismos vivos a través del espacio». ¿Qué es eso? ¿Un vehículo? ¿Qué lugar del espacio? ¿La luna, Marte o Saturno? ¿Qué organismos vivos? ¿Humanos o simios o bacterias?

3. Las metas necesitan tener una fecha

«... Al final de la década»; le puso una fecha a la NASA y a la nación.

> **En el momento que le colocas una fecha a tu meta, tu cerebro comienza automáticamente a buscar una solución.**
> #tumomentoahora.com

Una meta sin una fecha es un «algún día». Y ¿cuántos «algún día» se han cumplido en tu vida? Muy pocos o ninguno.

¿Cuántas personas pagarían sus impuestos si no hubiera fecha límite? ¿Te imaginas? Puedes pagar tus impuestos algún día...

O imagina que estás construyendo la casa de tus sueños y el constructor te dice: la terminaremos «algún día». ¿Cómo te sentirías? Estoy seguro de que le exigirías una fecha.

En el momento que le colocas una fecha a tu meta, tu cerebro comienza automáticamente a buscar una solución. Nunca es lo mismo querer bajar diez kilogramos de peso en un año que «algún día». Colocarle una fecha contextualiza el aspecto medible de la meta en el tiempo, y eso hace toda la diferencia.

Una meta con una fecha, pero no medible, la hace en extremo ambigua. Por ejemplo: bajar de peso en los próximos tres meses, no funciona.

Una meta medible sin una fecha, por ejemplo: bajar tres kilogramos de peso, tampoco funciona.

¿La razón? La combinación del aspecto medible y la fecha son los ingredientes de la inspiración. Lo que nos lleva al cuarto aspecto de las metas:

4. Las metas necesitan ser inspiradoras

Hacer una meta inspiradora es un arte más que una ciencia. Sin embargo, trataré de explicar el proceso artístico de alguna manera.

El aspecto medible de una meta y el tiempo de completitud necesitan estar en un rango específico para que las metas sean inspiradoras. Un poco más allá o más acá, pierden el aspecto inspirador.

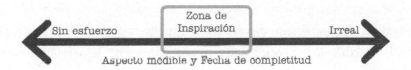

Sin esfuerzo ← Zona de Inspiración → Irreal

Aspecto medible y Fecha de completitud

John F. Kennedy escogió un aspecto medible (un hombre en la luna y traerlo de vuelta) y una fecha (al final de la década) que estaban en la «zona de inspiración». Si Kennedy hubiera dicho que había que llevar a un hombre a la luna y traerlo de vuelta en un año, automáticamente hubiera perdido inspiración, porque era irreal. Tanto la NASA como la nación sabían que era imposible. Si por otro lado hubiera colocado una fecha de tres décadas, hubiera perdido inspiración también porque no habría presión, la NASA hubiera caído en la enfermedad de: «tranquilo que tenemos tiempo».

Para una persona que quiere comenzar a correr como deporte, colocarse una meta de correr un maratón en cuatro semanas, colocaría la meta en el campo «irreal». Correr un maratón en una década, coloca la meta en el área de «sin esfuerzo». Correr un maratón en doce meses, coloca la meta en el área de inspiración para muchos.

Correr un kilómetro sin parar en un año destruye la inspiración (sin esfuerzo), pero lograr correr un kilómetro sin parar en cuatro semanas coloca la meta en la «zona de inspiración» para muchos.

> **La clave está en desarrollar el arte de estirarte lo suficiente que la meta te obligue a crecer y progresar, pero que no sea tan difícil que pase al terreno irreal y destruya la inspiración.**
> #tumomentoahora.com

La clave está en desarrollar el arte de estirarte lo suficiente que la meta te obligue a crecer y progresar, pero que no sea tan difícil que pase al terreno irreal y destruya la inspiración. La frase «apúntale a la luna y le darás a las estrellas» (frase que para comenzar, no hace sentido porque las estrellas están a años luz de la luna... pero bueno) es una frase hermosa pero irreal. Si le apuntas a la luna pierdes inspiración cuando tu subconsciente (y tu consciente) saben que es irreal.

Ahora bien, la zona de inspiración depende completamente de cada persona. Si estás convencido de que una meta es posible, para ti puede estar en la zona de inspiración mientras que para otros puede estar en la zona irreal. Es completamente personal y está conectado a tu nivel de creencia. En la medida que te conoces y desarrollas hábitos de desarrollo de creencia como la afirmación positiva, tu «zona de inspiración» se expande y la zona irreal se disminuye.

A continuación una matriz que explica la zona de inspiración en los diferentes vectores de tiempo de completitud y aspecto medible:

Aspecto Medible				
	Muy difícil	Irreal		Inspiración
			Inspiración	
	Fácil	Inspiración		Sin esfuerzo
		Inmediatamente		Mucho tiempo
		Fecha de Completitud		

Un punto importante que quiero aclarar es que en ningún momento estoy en contra de colocarse metas fáciles, sino que se debe ajustar el tiempo de completitud para asegurar estar en la zona de inspiración. Si estoy en una conversación y un amigo me revela que con un pequeño cambio en mi dieta (digamos, por ejemplo, que me recomiende agregar grasas sanas a mi dieta) voy a mejorar de manera importante mi salud, esta es una meta fácil (agregar aceite de oliva y de coco, aguacate, etc.) y puedo comenzarla inmediatamente. Eso me mantiene en la zona de inspiración. Por otro lado, si la meta es sumamente difícil (digamos, por ejemplo, que quieres aprender a tocar «Claro de Luna» de Beethoven en el piano y apenas estás comenzando a aprender ese instrumento) necesitas entonces ajustar el tiempo para mantenerte en la zona de inspiración.

> **Otra manera que ayuda a mantener la inspiración en una meta que requiere un largo plazo para llevarse a la realidad es dividir la gran meta en metas más sencillas con rangos de tiempo más pequeños.**
> #tumomentoahora.com

Otra manera que ayuda a mantener la inspiración en una meta que requiere un largo plazo para llevarse a la realidad es dividir la gran meta (tocar «Claro de Luna» en el piano) en metas más sencillas con rangos de tiempo más pequeños. Por ejemplo, pudieras colocar ciertos ejercicios primero, luego una de las piezas más sencillas y así sucesivamente hasta llegar a la gran meta: tocar «Claro de Luna».

Ahora bien, uno de los grandes errores que comete la mayoría de las personas es que terminan su proceso de definición de metas aquí. Cumplen las cuatro características:

1. Las escriben
2. Las hacen medibles
3. Les colocan una fecha
4. Las hacen inspiradoras, pero paran ahí

Gran error.

Luego que has definido las metas utilizando las características que muestro en este capítulo, necesitas todavía dos pasos más:

En primer lugar, necesitas traducir el lenguaje de las metas de «versión rezagada» a «versión proactiva».

En segundo lugar, necesitas crear un sistema de medición y retroalimentación de la «versión proactiva» de tus metas, nunca de la «versión rezagada».

El proceso de escribir las metas con las características que comenté anteriormente llevan a la creación de metas «versión rezagada». Esto quiere decir que al medir el resultado, es muy tarde para hacer los cambios y «golpes de timón» para ajustar y alcanzar las metas. Otra característica de la «versión rezagada» es que no muestra claramente cuáles son las acciones que están en nuestro control que nos llevarán a alcanzar esa meta.

Por ejemplo, llevar a un hombre a la luna y traerlo de vuelta sano y salvo para el final de la década es una meta «versión rezagada». Si llegamos al año 1970 (final de la década) y revisamos la meta, ya es muy tarde para corregir. Tampoco la meta nos muestra cuáles son las acciones bajo nuestro control para asegurar lograrla.

> **Es necesario escribir la meta «versión rezagada» para poder traducirla luego. No puedes ir directo a la traducción si no tienes la «meta rezagada» primero.**
> #tumomentoahora.com

Otro ejemplo interesante de una meta «versión rezagada» es cuando nos comprometemos a «bajar diez kilogramos de peso en diez meses». La denomino «versión rezagada» porque no muestra las acciones que necesito hacer y medir para llegar ahí.

Ahora bien, es necesario escribir la meta «versión rezagada» para poder traducirla luego. No puedes ir directo a la traducción si no tienes la «meta rezagada» primero. Tanto John F. Kennedy como la persona que se colocó la meta de bajar diez kilogramos en diez meses hizo lo correcto. Pero necesitas pasar al proceso de traducción.

¿Qué es una «meta proactiva»? Es una meta que permite predecir la «meta rezagada». Es decir, si la «meta proactiva» cambia, cambiará la «meta rezagada». Adicionalmente, la «meta proactiva» está totalmente en nuestro control.

¿Cómo traduces una «meta rezagada» a una «meta proactiva»?

Muy sencillo, te haces la pregunta: ¿cuáles son las acciones que están bajo mi control que me llevarán a la «meta rezagada»?

He aquí unos ejemplos:

Meta rezagada: bajar diez kilogramos de peso en diez meses.

Meta proactiva: ¿cuáles son las acciones que están bajo mi control que me llevarán a la «meta rezagada»?:

1. Consumir un máximo de mil quinientas calorías por día.
2. Consumir un máximo de ciento cincuenta calorías en carbohidratos diariamente. (La diferencia en grasas saludables y proteínas).
3. Trotar/caminar treinta minutos diariamente.

De esta manera pasamos la «meta rezagada» a un nuevo tipo de meta que está totalmente en nuestro control y se puede medir claramente.

Meta rezagada: mi negocio llegue a cien mil dólares en ventas para finales del año.

Meta proactiva: ¿cuáles son las acciones que están bajo mi control que me llevarán a la «meta rezagada»?:

1. Realizar diez llamadas al día a nuevos prospectos. (El número diez, aunque en este ejemplo es aleatorio, debe venir de un análisis del número de llamadas necesarias para concertar una cita, y número de citas necesarias para cerrar una venta, y número de ventas necesaria para llegar a los cien mil dólares).

Meta rezagada: graduarme de ingeniero para el año X.

Meta proactiva: ¿cuáles son las acciones que están bajo mi control que me llevarán a la «meta rezagada»?:

1. Estudiar dos horas diarias los conceptos enseñados en clase.
2. Asistir a todas las clases diariamente.

Meta rezagada: retirarme a los sesenta y cinco años con cinco millones en el banco.

Meta proactiva: ¿cuáles son las acciones que están bajo mi control que me llevarán a la «meta rezagada»?:

1. Invertir diez por ciento de mis ingresos mensuales en mi fondo de retiro. (Nuevamente, el número diez por ciento es un ejemplo, pero debe ser calculado basado en los años que te faltan para llegar a los sesenta y cinco años, la tasa promedio del retorno del mercado que dependerá del tipo de inversión que decidas hacer, etc.).

> El ejercicio de pensar en cómo traducir la «meta rezagada» a acciones que están bajo tu control es la clave del éxito en el proceso de establecerse metas.
> #tumomentoahora.com

La «meta rezagada» es la fuente de dirección e inspiración, pero la traducción a la «meta proactiva» es la manera de llevarla a tu círculo de influencia. El ejercicio de pensar en cómo traducir la «meta rezagada» a acciones que están bajo tu control es la clave del éxito en el proceso de establecerse metas.

Te darás cuenta de que gran parte de las «metas proactivas» terminan siendo hábitos, de lo que conversaremos más a fondo en el siguiente capítulo.

Tal y como comenté anteriormente, el primer paso es establecer las metas y traducirlas de «rezagadas» a «proactivas», y el segundo paso es crear un sistema de medición y retroalimentación.

Después que un golfista ve la bandera en el *green*, se enfoca en su postura, agarre y movimiento. Luego que la NASA definió la «meta rezagada», se enfocaron en tres proyectos: propulsión (llevar la nave a la luna), supervivencia (mantener a los astronautas vivos) y aterrizajes (tanto en la luna como en la tierra). Cuando un nadador se lanza a la piscina, se enfoca en cada brazada.

> El secreto está en mover el enfoque de la «meta rezagada» a la «meta proactiva». Y por supuesto, medirlo.
> #tumomentoahora.com

El secreto está en mover el enfoque de la «meta rezagada» a la «meta proactiva». Y por supuesto, medirlo.

La clave para lograr tus metas va a ser medir tus «metas proactivas», y su relación con las «metas rezagadas». En vez de pesarte diariamente, mide tus calorías y tus niveles de ejercicio. En vez de medir solamente tus ventas cada semana, mide primeramente la cantidad de llamadas que hiciste a nuevos prospectos esa semana. En vez de medir tus calificaciones al final del período universitario, mide las horas que has estudiado y el porcentaje de clases que has atendido.

Víctor Hugo, ¿quieres decir que nunca medimos las metas rezagadas sino solo las proactivas?

No, absolutamente no. Medimos ambas.

Existe una relación directa entre la «meta proactiva» y la «meta rezagada». La diferencia es que una está bajo nuestro control directo (la proactiva) y debería predecir a la otra (la rezagada). Ahora bien, si tu meta rezagada es vender cien mil dólares este año y estás llamando a diez nuevos prospectos al día, estamos en abril y solo has vendido dos mil dólares, eso te está mostrando que la relación entre la meta proactiva y la rezagada no era la que pensabas. Los resultados de medir y comparar son un proceso de retroalimentación. Probablemente necesites comenzar a llamar a treinta prospectos al día en vez de solo a diez.

> **Los resultados de medir y comparar son un proceso de retroalimentación.**
> #tumomentoahora.com

Persistir en una «meta proactiva» que fue definida incorrectamente no te llevará al éxito («meta rezagada»). Por ello, la persistencia por sí sola no es la clave. Persistir en la «meta proactiva» correctamente definida te llevará al éxito masivo.

Por eso es importante aplicar el siguiente ciclo, similar al mostrado anteriormente al referirme a la persistencia efectiva, a nuestro proceso de establecimiento y ejecución de metas:

La «meta rezagada» no cambia (salvo en casos extremos). La «meta proactiva» está en constante fluctuación basada en los resultados de medirla y la conexión de la misma con la «meta rezagada».

> **Persistir en una «meta proactiva» que fue definida incorrectamente no te llevará al éxito («meta rezagada»).**
> #tumomentoahora.com

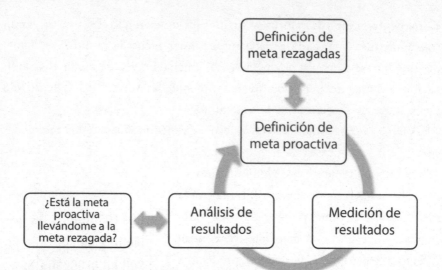

¿Tu meta era bajar diez kilogramos de peso en diez meses y bajaste cinco kilogramos en dos meses? Cambia la «meta proactiva» de mil quinientas calorías por día a mil ochocientas calorías por día, o logra la «meta rezagada» en dos meses más y luego vuelve a una dieta sin tanta restricción calórica.

¿Tu meta era graduarte y tus calificaciones están siendo deficientes? Probablemente necesitas cambiar tu «meta proactiva» de estudiar dos horas diarias a estudiar tres o cuatro. Lo haces un mes adicional y vuelves a medir y ajustar.

> **Recuerda, la «meta rezagada» se escribe en la roca, y la «meta proactiva» se escribe en la arena.**
> #tumomentoahora.com

Recuerda, la «meta rezagada» se escribe en la roca, y la «meta proactiva» se escribe en la arena. Desarrollar la flexibilidad de medir y ajustar la «meta proactiva» será el secreto para lograr la «meta rezagada» tal y como te lo planteaste.

En la guía gratuita incluida con este libro (que puedes descargar en www.guiatumomento.com) coloco un ejemplo que yo utilizo para llevar el control y la medición de mis «metas proactivas» y mis «metas rezagadas».

Algo interesante de lo que te darás cuenta en la medida que defines las «metas proactivas» es que muchas de ellas necesitan transformarse en hábitos.

Y por ello, necesitamos hablar de hábitos.

Pero antes, quería contarte una historia.

El 20 de julio de 1969, a las ocho y dieciocho minutos de la noche (tiempo universal coordinado; UTC, por sus siglas en inglés), el comandante de la misión Apollo 11, Neil Armstrong y el piloto Buzz Aldrin, aterrizaron el módulo lunar Águila en la superficie lunar. Seis horas más tarde, el 21 de julio a las dos y cincuenta y seis de la mañana, Neil Armstrong colocó la primera huella en la superficie lunar.

El 24 de julio, a las cuatro y cincuenta de la tarde, los tres tripulantes de la misión Apollo 11 aterrizaron en el Océano Pacífico, sanos y salvos, luego de completar una misión histórica no solo para Estados Unidos, sino para toda la humanidad.

En el año 1969, tan solo a seis meses de que se acabara la década, la visión de John F. Kennedy se había cumplido.[2]

CAPÍTULO 10

CREANDO HÁBITOS DE ÉXITO (Y DESTRUYENDO HÁBITOS TÓXICOS PARA SIEMPRE)[1]

EN EL PROCESO DE DEFINIR TUS METAS PROACTIVAS, TE DARÁS CUENTA QUE, SI quieres tener un éxito sostenido, tendrás que convertirlas en hábitos. En la vida, los grandes éxitos y también grandes desastres se han creado poco a poco. Una persona no pasa de ser buena a mala en un segundo, es un proceso de pequeñas acciones que van transformando al individuo en alguien que jamás imaginó ser.

De la misma manera, si quieres lograr grandes cosas en tu vida, necesitas transformar ciertas metas proactivas, en hábitos.

Si tu interés en desarrollar un cuerpo saludable, y tu meta proactiva tiene que ver con hacer ejercicios diariamente o controlar una dieta específica, sino conviertes tu meta proactiva en hábito, unos meses después de alcanzar tu meta rezagada estarás nuevamente en el punto original.

¿No te ha pasado, que logras una meta, bien sea salud, peso, dinero, nivel económico, para meses o años después estar igual que antes de comenzar el esfuerzo?

Es porque no transformaste la meta proactiva en un hábito.

Todos estamos manejados por nuestros hábitos. Si no existieran los hábitos, tendríamos que pensar antes de cada acción en todo momento. Los hábitos nos ayudan a descargar la mente consciente de decisiones que la mente subconsciente toma automáticamente. Ellos son nuestro «piloto automático».

El agua, gota a gota, rompe la roca. Tus hábitos te harán una persona saludable o enferma, una persona próspera o pobre, una persona llena de amigos o solitaria. Día a día, definirán tu destino.

Si logramos reprogramar nuestro subconsciente para crear hábitos positivos, ellos nos llevarán a donde queremos llegar. Crear un nuevo hábito positivo no es tarea fácil, pero es la mejor inversión que puedes hacer en tu vida. Después que logras transformar una actividad (meta proactiva) en un hábito, ya no necesitas pensar en ello, ya no necesitas esforzarte, ya ocurre de manera automática para ti.

> **Los hábitos nos ayudan a descargar la mente consciente de decisiones que la mente subconsciente toma automáticamente. Ellos son nuestro «piloto automático».**
> #tumomentoahora.com

Ahora bien, comencemos desde el principio. ¿Cómo se crea un hábito? El hábito se crea cuando existe una repetición sostenida de una actividad por un tiempo determinado suficiente para crear un nuevo patrón neuronal en tu cerebro. Tal y como comenté en capítulos anteriores, los patrones neuronales son «caminos» donde las señales eléctricas pueden trasladarse fácilmente, en consecuencia, si tienen que ir del punto A al punto B, prefieren escoger el camino de menor resistencia.

> **Todo hábito, positivo o negativo, nace de una raíz positiva.**
> #tumomentoahora.com

La razón por la cual se crean estos patrones neuronales es porque el cerebro detecta al final de la acción una recompensa que es placentera. Con el tiempo el cerebro automáticamente busca obtener esa sensación placentera de la manera más eficiente posible: a través de patrones neuronales ya creados.

Todo hábito, positivo o negativo, nace de una raíz positiva.

Sí. Leíste bien.

Todo hábito, incluido comerse las uñas, fumar, tomar alcohol en exceso, adicciones, comer comida chatarra, etc., nace de una raíz positiva. Todo hábito negativo nace de una recompensa positiva.

Charles Duhigg, autor del *bestseller El poder de los hábitos* explica que todo hábito cumple un ciclo. El ciclo es: 1) Una señal dispara una 2) rutina que te lleva a una 3) recompensa. En la medida que el ciclo se cumple más y más veces, tu cerebro asocia la recompensa con la rutina específica y ejecuta apenas recibe la señal. Y todo esto sucede a nivel subconsciente.

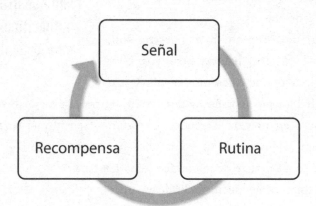

Por dar un ejemplo, al despertarte, sientes tu boca incómoda y te cepillas los dientes. La pasta dental no solo limpia tus dientes, sino que te deja una sensación de frescura (recompensa). Por ello, cada mañana, sin pensarlo, te despiertas y te cepillas los dientes. O, un individuo que se despierta cada mañana bien temprano a hacer ejercicio. Al terminar sus ejercicios, segregaciones de endorfinas le dan un sentimiento de placer. Su cerebro comienza a asociar la sensación de placer con la rutina de los ejercicios y automáticamente hace que el individuo se despierte con deseos de ejercitarse bien temprano.

Otro ejemplo un poco más extremo, la persona que constantemente busca conflicto con su pareja. ¿Será esto un hábito? Por supuesto. ¿Cómo así? Pues el hecho de generar un conflicto, gritar y hasta utilizar la violencia llena la necesidad de significancia (el deseo que todos tenemos de sentirnos importantes). Llenar una necesidad da placer (recompensa). Con el tiempo el cerebro comienza a asociar el placer con la rutina (generar un conflicto) y busca cualquier situación (señal), pequeña o grande, para entrar en la rutina del conflicto.

Y ¿cómo es eso de que todo hábito tiene una raíz positiva? Todo hábito se comienza a crear por la recompensa, y el cerebro empieza a buscar la rutina más eficiente que te lleve a la recompensa (el placer) que está buscando. Así como la persona que busca conflicto para llenar la necesidad de significancia (placer), las personas que fuman reciben una recompensa también (disminución del estrés, oxigenación del cerebro por la nicotina, momento social para romper con la rutina del trabajo, etc.). Las personas que se comen las uñas reciben una recompensa (disminución del estrés). ¿Comer comida chatarra? Imagina el placer que recibe el cerebro con esa dosis de carbohidratos procesados que se transforman en azúcar rápidamente. ¿Alcohol en exceso o drogas? Placer temporal.

> **Todo hábito se comienza a crear por la recompensa, y el cerebro empieza a buscar la rutina más eficiente que te lleve a la recompensa (el placer) que está buscando.**
> #tumomentoahora.com

Algo interesante es que el que se levanta temprano para hacer ejercicios recibe placer (endorfinas) y el que se queda durmiendo y decide no hacer ejercicios también (que sabroso es quedarse durmiendo una hora adicional). Al final de la historia, todos estamos desarrollando hábitos.

Unos positivos.

Unos tóxicos.

Ahora bien, ¿no te ha pasado alguna vez que quieres destruir un hábito tóxico en tu vida y comienzas con mucha emoción y determinación solo para dejarlo a un lado a los pocos días? Sabes que el hábito te hace daño, sabes que te está alejando de lo que quieres en la vida, y sin embargo, casi sin poder controlarlo, no paras de postergar o autosabotearte para caer en la misma rutina tóxica una y otra vez.Y por el contrario, ¿no te ha pasado que estás supermotivado para comenzar un nuevo hábito positivo: dieta, hacer ejercicios, leer, practicar un pasatiempo, etc., y también te autosaboteas a los pocos días para dejar el «nuevo hábito» en el olvido? ¿Cuántas dietas has dejado a la mitad? ¿Cuántas inscripciones en gimnasios sin usar?

> **Nuestra mente siempre está en búsqueda de dos cosas: experimentar placer y evitar el dolor.**
> #tumomentoahora.com

y ¿cuántas promesas de hacer un negocio, vender un producto o aprender un idioma te propusiste y lo dejaste a la mitad?

A mí me ha pasado exactamente lo mismo.

Hasta que descubrí las dos fuerzas que dominan tus acciones. Y, a partir de hoy, nunca más postergarás o te autosabotearás otra vez.

Las dos reglas que dominan tus acciones

Nuestra mente siempre está en búsqueda de dos cosas: experimentar placer y evitar el dolor. Cada acción que tomamos, especialmente a nivel subconsciente (tus hábitos, por ejemplo), son ejecutadas con el objetivo de experimentar placer o evitar el dolor, o ambas al mismo tiempo.

> **Cada hábito es desarrollado para experimentar placer o evitar dolor.**
> #tumomentoahora.com

Cada hábito es desarrollado para experimentar placer o evitar dolor. Entonces ¿por qué una persona se despierta entusiasmada y llena de energía en la madrugada para ejercitarse mientras otra apaga el despertador y se queda en la cama una vez más? Porque ambas están buscando experimentar placer y evitar dolor. Solo que diferente tipo de placer y diferente tipo de dolor.

Persona que se despierta temprano a hacer ejercicios:

Placer experimentado: endorfinas, sentirse saludable y lleno de energía, tener una mayor seguridad de salud y longevidad, estar para su familia por más tiempo.

Dolor evitado: sobrepeso, mente cansada, diabetes, muerte prematura, familia se queda sin padre, etc.

Persona que se queda dormida en la cama y posterga ejercitarse:

Placer experimentado: seguir durmiendo una hora más, estar caliente en su cama.

Dolor evitado: despertarse cansado, dolor de los músculos al hacer ejercicio, frío, etc.

Tal y como puedes ver, en ambos casos se busca experimentar el placer y evitar el dolor. La diferencia está en que un caso te lleva al progreso y el otro te lleva al estancamiento. Por eso, para diferenciar los distintos casos de placer y dolor, los voy a denominar «experimentar placer y evitar dolor del progreso» y «experimentar placer y evitar dolor del estancamiento».

Nuestra mente busca experimentar el placer y evitar el dolor, pero ella no sabe si es del progreso o del estancamiento. Por ello, cuando nos enfocamos en una u otra, logramos los resultados que queremos.

La clave para destruir hábitos tóxicos es reflexionar y definir cuál es el placer que estás experimentando y el dolor que estás evitando cuando ejecutas el hábito, y luego redefinir el placer que quieres experimentar y el dolor que quieres eliminar si te mueves del estancamiento al progreso.

> La clave para destruir hábitos tóxicos es reflexionar y definir cuál es el placer que estás experimentando y el dolor que estás evitando cuando ejecutas el hábito.
>
> #tumomentoahora.com

Un ejemplo de mi vida personal, yo había tomado la decisión de salir con mi hijo Benjamín, solos él y yo, una noche a la semana. La llamamos la «noche de hombres», y el objetivo era poder tener tiempo a solas con él de una manera regular para estrechar nuestra relación.

Lo que empezó a suceder es que luego de unas semanas de salir religiosamente en la «noche de hombres» comencé a postergar y cancelar las noches, por una razón u otra. Luego de un tiempo me di cuenta de que habían pasado más de tres meses sin nuestra «noche de hombres». Yo sabía que lo que estaba sucediendo no eran razones válidas, el hábito se había roto (o nunca se había creado) y había un problema con la búsqueda de placer y evitar el dolor que estaba controlando mi mente subconsciente para siempre conseguir razones de postergar o cancelar la cena. Luego de reflexionar un poco llegué a la siguiente conclusión:

Hábito: salir una noche a la semana con Benjamín en la «noche de hombres».

Placer experimentado del estancamiento: al llegar cansado del trabajo, más que salir, disfruto cambiándome la ropa y acostándome en el sofá a ver un poco de TV. En ese tiempo, puedo estar un rato en silencio que me permite relajarme y descansar para ir a cenar una buena comida sana hecha en casa.

Dolor evitado del estancamiento: salir cuesta dinero, si no salgo, me ahorro ese dinero. También los lugares que le gustan a Benjamín para cenar no son de buena calidad (comida chatarra) y no disfruto ni es saludable comer ahí. Adicionalmente, a veces no para de hablar y siento que necesito un tiempo de silencio luego de un día de trabajo para relajarme.

Descubrí que esas razones (del estancamiento) eran la que estaban dirigiendo mi subconsciente a buscar excusas para cancelar o posponer nuestra «noche de hombres».

Y ¿cómo hice para cambiar la ecuación y desarrollar el hábito?

> Cuando reescribes las fuerzas del placer y dolor del estancamiento en el nuevo lenguaje del progreso, todo cambia.
> #tumomentoahora.com

Más que forzarme a salir, solo tuve que cambiar las fuerzas del placer y dolor del estancamiento al progreso. Al escribir las reglas quedó así:

Hábito: salir una noche a la semana con Benjamín en la «noche de hombres».

Placer experimentado del progreso: yo seré uno de los mejores amigos de mi hijo. Cuando tenga una duda o problema se sentirá abierto a conversarlo conmigo primeramente. Buscará de manera sincera mi consejo en momentos difíciles. Desarrollaré recuerdos únicos que se crearán en los momentos de calidad que pasemos juntos.

Dolor evitado del progreso: que mi hijo prefiera pedir consejo a algún amigo sin experiencia o valores en la vida. Que mi hijo no quiera hablar conmigo nada personal. Cuando mire atrás, no recuerde momentos especiales con Benjamín. Que al graduarse de la universidad decida irse y visitarnos esporádicamente y/o llamarme sin frecuencia.

Cuando reescribes las fuerzas del placer y dolor del estancamiento en el nuevo lenguaje del progreso, todo cambia. Con el proceso de escritura y repetición (similar a la afirmación positiva), el nuevo modelo se integra a tu subconsciente y tu mente genera las emociones que generan las decisiones (tener la «noche de hombre») que te llevan a tu destino (una relación fuerte y duradera con mi hijo).

Supongamos ahora que quieres hacer una dieta saludable (por ejemplo, el método que recomiendo en el capítulo 2, «Conquista tu cuerpo» y luego de seis o siete días sucumbes a los donuts, o panqueques, o un refresco o una galleta de la abuela. ¿Qué está pasando? Recuerda que en ambos casos (seguir la dieta o romperla) estamos buscando experimentar placer y evitar el dolor; simplemente en un caso es del progreso (seguir la dieta) y en el otro caso es del estancamiento (comerme un panecillo y convencerme de que puedo comenzar nuevamente mañana). Veamos lo que sucede:

Hábito: alimentarme sanamente con una dieta basada en grasas saludables, proteínas y sin carbohidratos procesados.

Placer experimentado del estancamiento: el placer de saborear una galleta de la abuela, seguido con un disparo de azúcar que afecta nuestros opio-receptores del cerebro y nos da una sensación de placer.

Dolor evitado del estancamiento: ¿sabes el dolor que uno siente cuando es adicto a los azúcares y carbohidratos procesados y te colocan una bandeja de galletas en frente?

En vez de basar todo en fuerza de voluntad, ¿qué tal si reescribes las fuerzas del placer y el dolor enfocadas en el progreso en vez de en el estancamiento? Así podría quedar:

Hábito: alimentarme sanamente con una dieta basada en grasas saludables, proteínas y sin carbohidratos procesados.

Placer experimentado del progreso: me sentiría con energía constante. Mi mente estaría despierta y podría aprovechar al máximo cada minuto del día. Estaría para mi familia más tiempo.

Dolor evitado del progreso: minimizaría las probabilidades de un ataque al corazón, diabetes, Alzheimer, etc. No dejaría a mis hijos sin madre o padre antes de tiempo.

Agrégale ahora repetición diaria al nuevo concepto hasta que se integre a tu sistema nervioso y nunca más tendrás la necesidad de comer la galleta de la abuela. Tu subconsciente tomará control de tus emociones que definirán tus decisiones que luego definirán tu destino.

Un ejemplo más. Supongamos que quieres desarrollar el hábito de ahorrar un diez por ciento de tu ingreso mensualmente para invertirlo en el largo plazo. Resulta que cada mes la cuenta te queda corta y no puedes ahorrar el diez por ciento que te propusiste sino que siempre tienes una cuenta que pagar. Veamos lo que está pasando.

Hábito: ahorrar el diez por ciento de mi ingreso mensualmente y colocarlo en una cuenta de inversión para el retiro.

Placer experimentado del estancamiento: este mes necesito esas botas nuevas, o el nuevo iPhone que acaba de salir, o una cena afuera con los amigos.

Dolor evitado del estancamiento: sentirse ajustado y en presupuesto no es un sentimiento cómodo. Es doloroso a veces. Darme un poco de libertad elimina ese dolor en mi vida.

Si lo reescribimos, podría quedar así:

Hábito: ahorrar el diez por ciento de mi ingreso mensualmente y colocarlo en una cuenta de inversión para el retiro.

Placer experimentado del progreso: acostarme a dormir cada noche sabiendo que hay una inversión y fondo de emergencia que cubriría cualquier emergencia o pérdida de ingreso si ocurriera. Ver mi cuenta de inversión pasar de tres dígitos a cuatro dígitos, y unos años más tarde a cinco dígitos, y ya está a punto de llegar a seis dígitos... ¡qué placer!

Dolor evitado en el progreso: bancarrota, tener que pedir prestado por una emergencia, tener que aceptar un jefe abusivo e irrespetuoso porque dependo financieramente de ese trabajo. Ver perder una gran oportunidad de negocio porque no tengo la liquidez para invertir, etc.

Nuevamente, repetición diaria de este nuevo esquema hasta que se integre a tu sistema nervioso y verás cómo ahorras diez por ciento al mes sin siquiera pensarlo. Reprogramaste al subconsciente, y tomó control.

Recuerda que no quieres construir nuevos hábitos basado solo en la fuerza de voluntad, sino más bien reprogramar al subconsciente para que genere las emociones que te ayuden a no tener que sostenerte en fuerza de voluntad todo el tiempo. Reescribir las fuerzas del placer y el dolor desde el estancamiento hasta el progreso hará la gran diferencia.

> **Reescribir las fuerzas del placer y el dolor desde el estancamiento hasta el progreso hará la gran diferencia.**
> #tumomentoahora.com

Un consejo: cuando estés reescribiendo las fuerzas del placer y el dolor del estancamiento al progreso, mientras más emocionalmente fuertes hagas las fuerzas de experimentar el placer y evitar el dolor, más rápido se integrarán a tu sistema nervioso y tu subconsciente.

Por ejemplo, volviendo al caso del ejercicio, es totalmente diferente escribir el dolor evitado en el progreso como «moriré antes de tiempo y dejaré a mis hijos sin padre o madre» que «evitaré sentirme cansado todo el tiempo». La primera tiene un grado emocional mucho más fuerte, y la segunda, aunque real e importante, no es tan fuerte emocionalmente.

¿Por qué queremos llevarlo a puntos emocionalmente fuertes? Porque el sistema nervioso y tu subconsciente se reprograman de forma inmensamente más rápida en momentos de intensidad emocional.

> **El sistema nervioso y tu subconsciente se reprograman de forma inmensamente más rápida en momentos de intensidad emocional.**
> #tumomentoahora.com

Por dar un ejemplo, una bebé está gateando por el piso de la casa cuando ve una cucaracha, interesada por el nuevo insecto que nunca ha visto antes, procede a perseguirlo para agarrarlo. Cuando está cerca de agarrarlo, la madre la ve y desesperada antes de que la bebé agarre la cucaracha le pega un grito con toda su alma: ¡Noooooooooooooooo!

El grito es tan fuerte e inesperado que lleva a la bebé a un estado de *shock*, se asusta y empieza a llorar (momento de intensidad emocional extremo para una bebé de menos de un año de vida).

> Cuando reescribimos las fuerzas del dolor y el placer del progreso necesitamos hacerlas emocionalmente intensas.
> #tumomentoahora.com

En ese momento nació su fobia a las cucarachas. La experiencia se integró a su sistema nervioso y su subconsciente quedó programado para toda la vida. En el futuro, ella misma no entiende por qué sale corriendo cuando ve una cucaracha y por qué el miedo a las cucarachas domina su vida. Fue una experiencia de intensidad emocional extrema que se quedó para siempre.

Por eso cuando reescribimos las fuerzas del dolor y el placer del progreso necesitamos hacerlas emocionalmente intensas. Es más, mientras más puedas tratar de vivir la experiencia bajo un proceso de visualización, más rápido se integrarán a tu sistema nervioso. Si, tal y como comenté antes, el dolor evitado en el progreso es «moriré antes de tiempo y dejaré a mis hijos sin padre o madre», imagínate las escenas dramáticas de tus hijos en tu funeral. Imagina a tus hijos solos en la vida y que tú no estés ahí cuando necesiten ayuda. Visualízalo. Sé que es sumamente duro, pero es el proceso más eficiente de reprogramación del subconsciente e integración al sistema nervioso que permitirá que tu mente genere las emociones correctas que te lleven a ejercitarte cada día y, en consecuencia, minimizar las probabilidades de que dejes a tus hijos sin padre o madre antes de tiempo.

Igual con cualquier otro hábito tóxico que esté dominando tu vida. ¿No puedes ahorrar y gastas mucho en cosas que realmente no necesitas? Cuando reescribas las reglas del progreso coloca algo como «estar quebrado y no tener dónde comer y dormir, no poder darle lo básico a mis hijos. Que mi padre o madre, que me dieron la vida, necesiten una ayuda y no pueda dársela... etc.». ¿Me explico? Al llevar el dolor evitado en el progreso al extremo (o el placer experimentado en el progreso) a extremos que sean emocionalmente fuertes, y visualizarlos con poder como si fueran realidad, la reprogramación sucede mucho más rápido.

Otro aspecto importante que se discute mucho en el tema de los hábitos es: ¿cuántos días se necesita para crear un nuevo hábito? Mi respuesta ha evolucionado en el tiempo sobre la base de mi experiencia y los resultados de investigaciones, pero es importante destacar que siempre estamos creando nuevos hábitos y reforzando hábitos actuales. Si, por ejemplo, te pierdes en la selva amazónica y no tienes cepillo dental, al cabo de unos días perderás la necesidad de cepillarte los dientes cada mañana. Por eso, es importante definir y monitorear los hábitos positivos y transformar los tóxicos en positivos constantemente.

Sin embargo, actualizando lo que comenté en mi primer libro *Despierta tu héroe interior*, nuevas investigaciones muestran que el tiempo óptimo para crear un nuevo hábito son sesenta y seis días. El proceso de sesenta y seis días tiene varias etapas que es importante comprender para saber a qué te enfrentarás, y cuál es la siguiente. Te explico a continuación el proceso de desarrollar un hábito:

> **Nuevas investigaciones muestran que el tiempo óptimo para crear un nuevo hábito son sesenta y seis días.**
> #tumomentoahora.com

Días uno al tres: dificultad mínima

En esta etapa estamos dirigidos por el entusiasmo. Ir al gimnasio, despertarnos temprano, dejar de comer azúcar o carbohidratos procesados es "pan comido". Tenemos la motivación para iniciar nuestro viaje de crear un hábito.

Días cuatro al siete: dificultad extrema

De la dificultad mínima pasamos a la dificultad extrema: nuestro cuerpo "nos exige" su dosis de azúcar a la cuál está acostumbrado, nuestro cuerpo nos duela de las sesiones de ejercicios que hicimos por primera vez, absorver el rechazo de muchos en nuestros días de venta nos empieza a afectar mentalmente. Éste es el punto donde la mayoría de las personas renuncian a desarrollar éste nuevo hábito.

Días ocho al catorce: dificultad media

Si logras pasar la dificultad extrema, comienzas a darte cuenta que ahora se te hace un poco más fácil. Sigue habiendo dificultad, pero es mucho más manejable que antes.

Días quince al veintiuno: dificultad baja

Todo ahora es mucho más fácil. Todavía requieres de esfuerzo y planificación, pero comienzas a sentir que lo tienes dominado, que sí es posible.

Día veintiuno: momento de inercia cero

El momento de inercia cero es cuando estamos en un punto de fuerza neutral. Nuestra mente y nuestro organismo no está apuntando para un lado o para el otro. Éste es el momento para comenzar a desarrollar momentum en la dirección que queremos para nuestra vida.

Días veintidós al treinta y uno: *momentum*

Ésta etapa es cuando realmente estás construyendo el hábito. En estos días es cuando estás creando la inercia a tu favor. Acá no puedes descuidarte. Estás reprogramando tu mente y tu organismo.

Días treinta y uno al sesenta y seis: establecimiento del hábito

Esta es la etapa en la que se está afianzando el hábito en el largo plazo. Ya venciste la inercia y tienes el *momentum*. Hacer el hábito es un placer. Cada día que pasa, tu nuevo patrón neuronal se hace más pronunciado. Estás en el camino de la victoria.

Día sesenta y seis: ¡Lo has logrado! ¡Has creado el hábito!

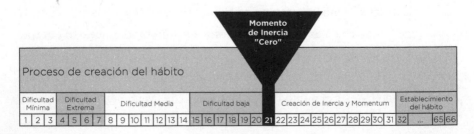

En mi libro Despierta tu Héroe Interior, escribí sobre 6 consejos que te ayudarán en el proceso de creación de nuevos hábitos. Te los dejo a continuación:

1. Conecta el cambio que quieres hacer con tu «meta rezagada»

Es importante comprender que existen infinitos hábitos positivos, desde hacer ejercicios, meditar y orar, hasta tomarte un té verde en la mañana.

Es común que las personas comiencen a trabajar en buenos hábitos por el simple hecho de que son buenos hábitos, sin conectarlos con lo que están buscando en la jornada de su vida. A la larga esto puede traer frustración y fracaso.

> **Una de las mayores trampas de nuestra mente es la postergación.**
> #tumomentoahora.com

Por ejemplo, si tu plan de vida incluye ser una persona saludable, puedes caer en el error de intentar desarrollar hábitos de un atleta profesional llevando las actividades al extremo. Si tu plan es ser un atleta, desarrolla hábitos de atleta; si es ser una persona saludable, desarrolla hábitos que te hagan más saludable al nivel que quieres llegar. No todo el mundo necesita correr diez kilómetros al día. Para algunas personas, el hábito de hacer una caminata a buena velocidad por veinte a treinta minutos es suficiente para llevarlos a donde quieren llegar.

2. Comienza hoy

Tal y como comenté anteriormente, una de las mayores trampas de nuestra mente es la postergación. Cuando nos convencemos de que necesitamos agregar un nuevo hábito a nuestra vida o dejar atrás uno tóxico, los primeros pensamientos que nos vienen a la mente son que comencemos la semana que viene, el mes que viene o el primero de enero. Esto es un engaño. Comienza hoy. Ajusta en el camino.

3. Enfócate en lo que quieres, no en lo que estás eliminando

Muchas veces nos enfocamos en lo que estamos tratando de eliminar en vez de tener la mirada fija en lo que queremos lograr. No pienses en que la dieta que escogiste te está prohibiendo comer, piensa en la persona en que te vas a convertir como resultado de desarrollar el hábito de comer saludable. Esto se logra al reescribir las fuerzas del placer y el dolor en el progreso.

> **Comienza hoy. Ajusta en el camino.**
> #tumomentoahora.com

Recuerda, no te enfoques tanto en el sacrificio, enfócate en el placer que ganas y el dolor que evitas (no el dolor que estás sintiendo). Te hará el camino mucho más fácil.

4. Enfócate en pocos cambios a la vez

Uno de los errores más comunes es que las personas deciden cambiar toda su vida de la noche a la mañana. Deciden que no soportan más vivir así y dejan el cigarro, comienzan a comer saludable, se inscriben en un gimnasio, se compran un buen libro para retomar la lectura, tiran el televisor a la basura y donan el diez por ciento de su ingreso a una causa noble.

La triste realidad es que, salvo pocas excepciones, estas personas no logran los resultados y vuelven a los antiguos hábitos tóxicos rápidamente.

La clave está en no olvidar que los malos hábitos se desarrollaron poco a poco a lo largo del tiempo y se mantuvieron por muchos meses o inclusive años. De la misma manera necesitamos ir desarrollando los buenos, poco a poco, uno a la vez.

> **No te enfoques tanto en el sacrificio, enfócate en el placer que ganas y el dolor que evitas. Te hará el camino mucho más fácil.**
> #tumomentoahora.com

Independientemente de que quieras cambiar todo en tu vida, comienza con uno o dos hábitos hasta que los domines, luego agrega otro y cambia poco a poco. Recuerda que no es una carrera corta, es el maratón de tu vida.

5. Sé preciso en qué hábito quieres desarrollar

Proponerse desarrollar hábitos ambiguos no ayuda mucho. Por ejemplo, desarrollar el hábito de la generosidad es ambiguo. Desarrollar el hábito de donar el diez por ciento de tu ingreso a tu iglesia, caridad o alguien necesitado es un hábito mucho más preciso. Aunque esto lo comenté a profundidad en el capítulo anterior, si defines tus hábitos luego de haber definido tu «meta rezagada» y tu «meta proactiva», no tendrás este problema. Sin embargo, para reforzar el punto:

> Independientemente de que quieras cambiar todo en tu vida, comienza con uno o dos hábitos hasta que los domines.
> #tumomentoahora.com

¿Ser saludable? Ambiguo. ¿Caminar treinta minutos por cinco días a la semana? Mucho mejor. ¿Desarrollar una vida espiritual más profunda? Ambiguo. ¿Orar todos juntos como familia antes de acostarnos cada noche en acción de gracias por el día que nos fue dado? Mucho mejor.

Asegúrate de especificar cuál es la acción que necesitas ejecutar en el hábito.

6. Crea un ecosistema de soporte

Con el objetivo de conquistar mi cuerpo, decidí eliminar los carbohidratos procesados de mi dieta.

¿Cómo desarrollé un ecosistema de soporte?

No compro carbohidratos procesados cuando voy al mercado. Me llevo la comida

> Asegúrate de especificar cuál es la acción que necesitas ejecutar en el hábito.
> #tumomentoahora.com

lista al trabajo (ahorro dinero y elimino la tentación de salirme de la dieta), escucho podcasts de salud y leo libros que me mantienen centrado, etc.

El punto que quiero transmitir es que necesitas desarrollar una atmósfera que facilite la creación del hábito y te aleje de la tentación de volver atrás. Algunos ejemplos interesantes que he visto son:

> **Necesitas desarrollar una atmósfera que facilite la creación del hábito y te aleje de la tentación de volver atrás.**
> #tumomentoahora.com

- Cortar y botar a la basura las tarjetas de crédito para poder salir de deudas.
- Irse a la cama con la ropa de hacer ejercicio para estar listos al despertarse.
- Colocar el reloj despertador alejado de la mesa de noche para obligarnos a pararnos en el momento correcto.
- Apagar el celular al llegar a la casa para no distraerse con cosas triviales como las redes sociales y el email.
- Estacionar el automóvil a varias cuadras del trabajo para forzarse a caminar más.

Repitiendo...

El agua, gota a gota, rompe la roca. Tus hábitos te harán una persona saludable o enferma, una persona próspera o pobre, una persona llena de amigos o solitaria. Día a día definirán tu destino. Este es el proceso:

> **Tus hábitos te harán una persona saludable o enferma, una persona próspera o pobre, una persona llena de amigos o solitaria.**
> #tumomentoahora.com

CAPÍTULO II

LAS SIETE ÁREAS DEL DESARROLLO HUMANO (Y UNIENDO TODO LO ANTERIOR)

ANTES DE CONTINUAR DEBERÍAMOS HACER UNA PAUSA. ES IMPORTANTE CONSOLIDAR todo lo que hemos aprendido en un proceso claro y simple.

Pero antes, permíteme comentarte de las siete áreas del desarrollo humano.

La definición de éxito es diferente para cada persona. Para unos tiene que ver con libertad, para otros es dinero, o fama, o una familia, etc. Tratar de definir el éxito sería una tarea infructuosa porque para ti podría ser algo diferente, y nunca he querido imponer mi concepto de éxito a nadie.

Sin embargo, sí creo que existe un mínimo común denominador del éxito que es bastante similar para todos nosotros. Las he denominado las siete áreas del desarrollo humano.

De la misma forma que la NASA necesitaba trabajar en propulsión (llevar la nave a la luna), supervivencia (mantener a los astronautas vivos) y aterrizajes (tanto en la luna como en la tierra), nosotros necesitamos trabajar en

> **La definición de éxito es diferente para cada persona.**
> #tumomentoahora.com

diferentes áreas de manera paralela para alcanzar nuestro concepto de éxito. Si la NASA hubiera desarrollado un sistema de propulsión magnífico, pero luego de llegar al espacio, no hubieran podido aterrizar la nave, o los astronautas no hubieran sobrevivido, la misión hubiera fracasado. Si hubieran pisado la luna, pero en el regreso la nave no hubiera podido entrar a la atmósfera, la misión hubiera sido un fracaso.

> **Siete áreas del desarrollo humano son la clave para mantener un balance. No necesariamente tendrás éxito masivo en cada una de ellas, pero no tendrás un fracaso masivo tampoco.**
> #tumomentoahora.com

Si nosotros tenemos éxito masivo en un área (un negocio, por ejemplo) pero nuestra salud se ve afectada negativamente, ¿habrá valido la pena? Probablemente no. Por ello estas siete áreas del desarrollo humano son la clave para mantener un balance. No necesariamente tendrás éxito masivo en cada una de ellas, pero no tendrás un fracaso masivo tampoco.

Las siete áreas del desarrollo humano son:

1. **Salud:**

Todos deseamos estar saludables, llenos de energía y sin enfermedades.

2. **Profesional o negocio:**

El deseo de crecer en nuestra carrera profesional o nuestro negocio.

3. **Tiempo:**

De la misma forma que buscamos ser mejores en la salud o el dinero, ¿por qué no buscar maneras de ser mejor con el manejo del tiempo? Si el tiempo es un recurso no renovable (todos tenemos veinticuatro horas al día) deberíamos aprender a maximizarlo y liberarnos de cosas innecesarias para tener más de él.

4. **Finanzas:**

Todos necesitamos tener orden en nuestras finanzas y un plan para crecer riqueza.

5. **Relaciones:**

Lo comentamos antes, la vida es sobre relaciones. ¿Recuerdas el comentario que hice de la película *Into the Wild*? Christopher, luego de buscar una vida de libertad, liberación y soledad, acaba su vida en una profunda convicción del poder de la conexión humana y se imagina junto a su familia una vez más...

6. **Mente:**

Necesitamos crecer intelectualmente. Nuestra mente necesita evolucionar y ser estirada a nuevos horizontes.

7. **Espíritu:**

Necesitamos conectar con nuestro espíritu. Si tienes alguna duda sobre esta área del desarrollo, necesitas releer el capítulo 3 de este libro.

El secreto está en que, para cada una de las áreas, estés agradecido por el presente, en crecimiento y con optimismo sobre el futuro. Es importante que para cada una de estas áreas tengas una visión, una o dos «metas rezagadas» y para cada «meta rezagada», una o dos «metas proactivas» o hábitos en desarrollo.

Este es el proceso:

Este es el proceso para alcanzar tus sueños y para alcanzar el éxito, sea cual sea tu definición de él.

Estoy seguro de que has sido impresionado por algún malabarista en tu vida. Bien sea en un circo, en una plaza o a veces mientras esperas en la parada de algún semáforo en tu ciudad.

> **El secreto está en que, para cada una de las áreas, estés agradecido por el presente, en crecimiento y con optimismo sobre el futuro.**
>
> #tumomentoahora.com

Siento que en la vida aprendemos a ser como un malabarista; manejando múltiples prioridades al mismo tiempo. Asegurándonos de que no se nos caiga ninguna pelota y poder llegar al final de nuestro acto exitosamente.

La realidad es que se te va a caer una pelota en algún momento. Cuál pelota se te cae al suelo y cuál logras mantener en el aire es lo importante. Esa es la clave del malabarismo de la vida.

Brian G. Dyson, CEO de Coca-Cola desde 1986 hasta 1991, escribió lo siguiente:

> Imagina que en la vida eres un malabarista y tienes que mantener en el aire 5 pelotas. Como ejemplo, estas pueden ser: tu trabajo (o negocio), familia, salud, amigos y espíritu (tu fe).
>
> Necesitas entender que tu trabajo es una pelota de goma. Si se te cae al piso, inevitablemente rebotará.
>
> Pero las otras 4 pelotas: Familia, salud, amigos y espíritu... son de cristal.
>
> Si se te cae una de esas, lamentablemente se rayará, se astillará, se dañará o inclusive se partirá.
>
> Sin importar que la recojas del suelo, la limpies, la repares y la pulas, ella nunca volverá a ser la misma.
>
> Esa es la clave del balance de la vida.[1]

> **Si trasladamos la sabiduría de Brian G. Dyson al concepto de las siete áreas del desarrollo humano, nunca olvides que la salud, las relaciones y el espíritu son pelotas de cristal.**
> #tumomentoahora.com

Ese es el secreto del malabarista.

Si trasladamos la sabiduría de Brian G. Dyson al concepto de las siete áreas del desarrollo humano, nunca olvides que la salud, las relaciones y el espíritu son pelotas de cristal. Las demás son de goma. Unas rebotarán y otras se astillarán.

CAPÍTULO 12

LAS TRES HERRAMIENTAS DE LA PRODUCTIVIDAD

EN EL CAPÍTULO SOBRE CONQUISTAR EL CUERPO MENCIONÉ QUE UNO DE MIS SECRETOS para lograr tantas cosas en poco tiempo era el manejo de la energía. Si no puedes mantenerte en altos niveles de energía, no importa qué tanto aprendas a manejar la agenda, nunca podrás producir como deseas.

Sin embargo, también es importante destacar que el manejo de la agenda es de suma importancia. Solo tener altos niveles de energía te puede llevar a la distracción debido a la gran cantidad de oportunidades que se te presentan (y que muchas no te acercan a tu visión de vida, propósito o vocación) o pero aún, literalmente convertirte en un ocioso con energía que se sabe de memoria todas las series de Netflix o está todo el día revisando Instagram o Facebook.

El secreto para lograr el éxito y que te estoy transmitiendo en este libro es que necesitas enfocarte en las actividades correctas e

> El secreto para lograr el éxito y que te estoy transmitiendo en este libro es que necesitas enfocarte en las actividades correctas e invertir toda tu energía en ellas.
> #tumomentoahora.com

invertir toda tu energía en ellas. A lo mejor te vas a perder un par de temporadas de la novela o la última serie de moda, y probablemente no puedas estar en todas las reuniones sociales de tus conocidos. Pero la clave está en decirle a muchas cosas «no» para poder decirles a una pocas «sí».

Tal y como comentaba anteriormente, este es el segundo libro que he escrito en dos años. Unido a manejar un blog con más de un millón y medio de visitas, un podcast, el lanzamiento de cuatro cursos on-line y decenas de invitaciones como speaker en Estados Unidos y Latinoamérica. Todo esto ha sido creado en «mi tiempo libre» porque para el

> **Unos escogen vivir la historia de otros; otros escogen vivir su gran historia.**
> #tumomentoahora.com

momento en que escribo estas líneas, todavía sirvo como ejecutivo de una de las quinientas compañías más grandes del mundo a cargo de los planes de mercadeo de más de mil quinientas tiendas. ¿Por qué hay personas que lo único que pueden hacer es su trabajo mientras otras, además de su trabajo, construyen plataformas gigantes, negocios magníficos o inclusive se convierten en expertos de clase mundial? Porque entienden que en una semana que tiene ciento doce horas (ya restándoles las ocho horas diarias de sueño), entre las cuales de cincuenta a sesenta son de trabajo, le quedan otras sesenta horas promedio para llevar su pasión a la realidad. Unos escogen convertirse en expertos de series de Netflix; otros escogen construir la aventura de su vida. Unos escogen vivir la historia de otros; otros escogen vivir su gran historia.

Recuerdo una vez que un líder religioso me contactó para pedirme el favor de dar una charla en su iglesia sobre un tema específico. En ese momento de mi vida estaba en colapso porque me encontraba en un pico en mi trabajo y adicionalmente estaba por lanzar un curso y comenzar un proyecto de rediseñar mi página web. Sin embargo, ¿cómo le podía decir que no a un líder religioso? Sentí que era como

> **Ese día me di cuenta de que si yo no le daba prioridad a las «pelotas de cristal» en mi vida, las iba a continuar dejando caer al piso hasta que un día se astillarían o romperían para siempre.**
> #tumomentoahora.com

decirle no a Dios y me comprometí a una tarde entera para entrenar a un grupo de su iglesia.

> Cada espacio de tu mente que estás utilizando para guardar cosas innecesarias, es una capacidad que estás perdiendo para otra cosa.
> #tumomentoahora.com

Así lo hice. Invertí siete horas preparando la presentación, tres horas manejando ida y vuelta, y cuatro horas de taller para un total de catorce horas. ¿Qué sucedió? La presentación salió excelente pero, como los otros compromisos que tenía eran ineludibles (estaba comprometido a una fecha con el lanzamiento de un curso y necesitaba entregar unos resultados en mi trabajo), quien pagó el precio del compromiso fue mi hijo Benjamín... una de las «pelotas de cristal» en mi vida.

Ese día me di cuenta de que si yo no le daba prioridad a las «pelotas de cristal» en mi vida, las iba a continuar dejando caer al piso hasta que un día se astillarían o romperían para siempre. Entonces aprendí dos cosas: 1) a decir que no (hasta a los líderes religiosos) y 2) a bloquear mi agenda antes de que la semana comenzara con mis «metas productivas».

Existen tres herramientas que siempre estás usando, quieras o no; si las utilizas en tu mente o de forma reactiva, serán enemigas en tu vida. Si las utilizas de forma proactiva, serán tus mejores amigas.

Estas tres herramientas son: tu agenda (semanal), tu lista de tareas y tu correo electrónico.

Tengas una agenda electrónica, o de papel o ninguna (lo cual implica que estás utilizando tu mente para llevar tu agenda), siempre estás utilizando una agenda. Lo mismo con la lista de tareas, pueden estar en forma electrónica, en una lista física o en tu mente, pero siempre tienes una lista de tareas. Y por último, todos dependemos diariamente de nuestro correo electrónico.

Para comenzar, permíteme decirte lo siguiente: cada espacio de tu mente que estás utilizando para guardar cosas innecesarias, es una capacidad que estás perdiendo para otra cosa. ¿Por qué no colocas toda tu ropa y tus libros y la comida de la alacena en tu vehículo todo el tiempo? Porque para eso existe el clóset, la biblioteca y la alacena. Parecería de locura utilizar tu vehículo para eso, tendrías un mayor consumo de gasolina y no podrías salir de viaje con tu familia y amigos porque el carro estaría lleno de cosas todo el tiempo. En otras palabras, el carro sí funciona para guardar ropa, libros y comida, pero si lo usas para eso, no cumplirá su función, que es llevar a tu familia al colegio, a salir al parque o a un viaje.

Igual sucede con la mente.

Nosotros podemos grabar en nuestra mente todas las citas, tareas y próximos pasos que tenemos que hacer, pero ¿estamos utilizando nuestra mente eficientemente? O sería mejor tener un sistema de soporte en el cual confiáramos, donde pudiéramos colocar toda esa información para que nuestra mente se enfocara en tareas más transcendentales como la creatividad, resolver problemas, aprender nuevas habilidades y desarrollar una visión, entre otras.

A veces las personas me dicen: es que yo no soy creativo o visionario... a mí no se me ocurren ideas. La pregunta que les hago es: ¿estás dejando tu mente libre para que trabaje en ideas creativas o visiones, o la tienes llena de citas, tareas y listas que tienes que comprar en el supermercado? Tú le puedes dar la misma computadora a dos personas: una de ellas tendrá jueguitos de video, mientras la otra, con la misma computadora, habrá desarrollado una plataforma que cambiará al mundo.

> **Tu cerebro es tu computadora, entonces quítale las tareas triviales, muévelas a un sistema confiable y déjalo trabajar en lo que hace mejor.**
> #tumomentoahora.com

Tu cerebro es tu computadora, entonces quítale las tareas triviales, muévelas a un sistema confiable y déjalo trabajar en lo que hace mejor.

Ya que aclaramos el porqué no debes utilizar tu cerebro para guardar citas, tareas y listas, el segundo punto es que el sistema tiene que ser confiable. Mientras que el sistema que tienes no sea cien por ciento confiable, tu cerebro siempre guardará un «archivo de respaldo» por si acaso, y nunca estará libre como queremos.

Hay dos claves que harán a tu sistema confiable: 1) que sea único y 2) que tengas un proceso semanal de revisión (y que lo conviertas en un hábito). Si empiezas a anotar tareas en un cuaderno, y otras en tu celular, y un par en la servilleta que llevas en el bolsillo harás que el sistema no sea único. Lo cual hace que el cerebro guarde un «archivo de respaldo». Igualmente si tu agenda en papel es diferente a la electrónica, sucede exactamente lo mismo.

Ahora te voy a revelar el sistema único que yo utilizo con detalle junto con el proceso semanal. Este sistema es el que me ha permitido construir una relación profunda con mis hijos, a la vez que me siento fuerte espiritual y mentalmente, mientras trabajo diez horas diarias como ejecutivo y adicionalmente escribo libros, grabo videos y podcasts, presento cursos y viajo por el mundo al mismo tiempo.

El sistema tiene tres componentes: una agenda electrónica, una lista de tareas en papel y una cuenta de correo electrónico.

Te voy a explicar cómo manejo cada una y luego cómo se conectan entre sí.

Agenda electrónica

Esto lo puedes hacer perfectamente en una agenda de papel, de hecho por muchos años yo utilicé una agenda de papel. Sin embargo, las ventajas que trajo la tecnología móvil, donde puedes invitar a personas por correo electrónico, conectar la dirección con aplicaciones GPS y si alguna información de la cita o reunión cambian, la agenda electrónica lo hace automáticamente, unido al hecho del nacimiento de la nube, donde puedo ver la misma agenda en mi móvil, tableta y computador, me convencieron a moverme a una agenda electrónica. Pero los principios aplicarían exactamente a una agenda de papel.

El primer principio del sistema es que la agenda se maneja a nivel semanal.
#tumomentoahora.com

Otro punto que quiero recalcar es que yo he estudiado a fondo, inclusive he estado en cursos certificados de Franklin Covey, he estudiado a fondo la teoría de David Allen de GTD (Getting Things Done) y la de Tony Robbins (RPM), y aunque las tres me parecen magníficas, el nivel de complejidad a veces se interponía en la ejecución. Así que decidí crear un sistema simplificado en el cual tomé lo mejor de cada sistema y lo adapté a uno que funcione para mí.

El primer principio del sistema es que la agenda se maneja a nivel semanal.

Ver la agenda de forma diaria es un período muy corto para asegurar que estás actuando en las «metas proactivas» de las siete áreas del desarrollo humano. Existen hábitos y tareas que no realizas todos los días, en consecuencia pierdes visibilidad de ellas y la agenda no te muestra un mapa completo de a dónde quieres ir. Por el otro lado, ver la agenda de forma mensual es el extremo opuesto, no te permite llegar al detalle y, en consecuencia, dejas a un lado las tareas repetitivas (que usualmente son hábitos y metas proactivas) para colocar solo las reuniones importantes. Nuevamente pierdes perspectiva.

> **Una agenda semanal es perfecta. Suficientemente detallada para asegurar que haces lo importante, pero suficientemente amplia para notar la dirección a donde estás yendo.**
> #tumomentoahora.com

Una agenda semanal es perfecta. Suficientemente detallada para asegurar que haces lo importante, pero suficientemente amplia para notar la dirección a donde estás yendo.

La agenda semanal comienza con las «metas proactivas». Luego de hacer el ejercicio de las siete áreas del desarrollo humano, deberías tener en promedio entre siete y veintiuna «metas proactivas» (una o dos por cada «meta rezagada»).

SALUD	NEGOCIO O PROFESIÓN	TIEMPO	FINANZAS	RELACIONES	MENTE	ESPÍRITU
1 o 2 metas proactivas o hábitos para cada meta rezagada	1 o 2 metas proactivas o hábitos para cada meta rezagada	1 o 2 metas proactivas o hábitos para cada meta rezagada	1 o 2 metas proactivas o hábitos para cada meta rezagada	1 o 2 metas proactivas o hábitos para cada meta rezagada	1 o 2 metas proactivas o hábitos para cada meta rezagada	1 o 2 metas proactivas o hábitos para cada meta rezagada

El domingo en la noche (podría también ser el viernes, sábado o lunes por la mañana) abro en mi teléfono, tableta o computador mi agenda en versión semanal. Inicialmente es un lienzo mayormente blanco.

Comienzo a colocar mis «metas proactivas» de salud, relaciones y espíritu. Por dar un ejemplo real en mi vida, bloqueo todos los almuerzos desde el mediodía hasta la una de la tarde (ejercicios), bloqueo el jueves en la noche («noche de hombres» con mi hijo Benjamín) y bloqueo treinta minutos todas las mañanas, de seis y treinta a siete, para mi meditación y afirmación positiva.

Luego coloco en mi agenda semanal las «metas proactivas» restantes. Ejemplo: bloqueo el lunes en la noche para grabar videos de algún curso que estoy desarrollando o para escribir un libro. Bloqueo tiempo los lunes en la mañana para el proceso de iniciación del correo electrónico (el cual discutiré más adelante), bloqueo una hora el martes y una el viernes en la tarde para leer un libro específico, y bloqueo el martes y jueves en la tarde para trabajar en un proyecto de mi trabajo como director de mercadeo.

Mi calendario quedaría así: (página 186)

Adicionalmente es importante destacar que las herramientas actuales de manejo de agenda y calendario te permiten repetir de manera automática los eventos. En consecuencia, puedes reservar desde hoy, todos los jueves en el futuro para la «noche de hombres», por dar un ejemplo.

¿Y que pasa si en el futuro —digamos en tres meses— te sale un compromiso un jueves en la noche? En ese momento puedes, de una forma proactiva, cambiar la «noche de hombres» (o noche con tu familia) para el miércoles o el viernes u otro día. Pero lo importante es que ya tienes el tiempo reservado para una de tus metas proactivas.

¿Y qué pasa con todos los espacios en blanco que quedan? Eso está reservado para el torbellino de la vida. Lo importante es que al acostarme a dormir el domingo, ya tengo reservado el tiempo para las actividades importantes: las «metas proactivas» que me llevarán a alcanzar las «metas rezagadas», que me llevarán a alcanzar mi visión.

Cada domingo, de cada semana del año, reservas el tiempo para las «metas proactivas». Imagina cómo sería tu vida si hicieras este simple cambio en tu rutina.

Lo que no quiero que dejes de apreciar de este proceso es que sabes que tu enfoque debe estar en las «metas proactivas», y luego de que las colocaste en tu agenda semanal, ya te puedes olvidar de ellas. Liberas tu mente.

GMT-05	Sun 2/26	Mon 2/27	Tue 2/28	Wed 3/1	Thu 3/2	Fri 3/3	Sat 3/4
6am							
7am		**6:30** - Meditación y AP	**6:30** - Meditación y AP	**6:30** - Meditación y AP	**6:30** - Meditación y AP	**6:30** - Meditación y AP	
8am							
9am		**6:30 - 10** Revisión de correo semanal					
10am							
11am							
12pm		**12p -1p** Ejercicios	**12p -1p** Ejercicios	**12p -1p** Ejercicios	**12p -1p** Ejercicios	**12p -1p** Ejercicios	
1pm							
2pm			**2p - 5p** Proyecto 107		**2p - 5p** Proyecto 107		
3pm							
4pm							
5pm			**5:30p - 6:30p** Lectura			**5:30p - 6:30p** Lectura	
6pm		**6p -12p** Grabar videos curso on-line			**6p - 9p** Noche de hombres con Benjamín		
7pm							
8pm							
9pm							
10pm							
11pm							

La lista de tareas

He tratado de mover, sin éxito, la lista de tareas a un sistema electrónico. Entonces decidí mantenerla en papel. El proceso que utilizo es el siguiente:

> **Tu enfoque debe estar en las «metas proactivas», y luego de que las colocaste en tu agenda semanal, ya te puedes olvidar de ellas.**
> #tumomentoahora.com

Siempre llevo conmigo un cuaderno de notas que utilizo para tomar apuntes cuando estoy en una reunión de trabajo, en una conferencia, viendo un programa interesante, en la iglesia, etc. Ese cuaderno lo tengo dividido en tres secciones: Trabajo, Negocio y Personal.

Trabajo: todo lo referente a mi empleo como ejecutivo de una Fortune 500.

Negocio: todo lo referente al blog, podcasts, mi libro, etc. Básicamente es mi plataforma derivada de LiderazgoHoy.com

Personal: Todo lo referente a mi familia, la iglesia, *hobbies*, etc.

No recomiendo tener más de tres porque se hace muy complejo. Pero si tu negocio y trabajo es lo mismo, solo necesitarías dos secciones.

En cada una de las tres secciones tengo las tres o cuatro primeras páginas como mi lista de tareas, y todo lo demás para escribir notas. Entonces, cuando estoy tomando notas en una reunión de mi trabajo, y surge una tarea que tengo que hacer, inmediatamente me voy a la primera página de la sección y la escribo en una nueva línea. Luego vuelvo a mi página de notas respectivas y sigo en mi reunión. Si estoy en una conferencia de negocios, y estoy tomando notas en la sección de negocio, y surge una idea que puedo implementar en mi blog, inmediatamente voy al inicio de la sección y la escribo en una nueva línea. De esa manera tengo todas mis tareas junto con todas mis notas.

Digamos que estoy en el trabajo y mi hijo me llama para decirme que la maestra le pidió que para la semana que viene tenía que llevar una resma de papel blanco al colegio. Inmediatamente voy a la sección personal y escribo en una nueva línea en la primera página: «Comprar una resma de papel blanco para el lunes 12 de febrero».

Luego de que escribo cada tarea mi mente se olvida de la misma. No necesita recordarla, la he colocado en un sistema confiable y único que me asegurará que se haga a tiempo.

Pero Víctor, ¿cómo haces para asegurar que no se te olvide hacer la tarea a tiempo? Por ejemplo, ¿cómo haces para asegurarte de comprar la resma de papel blanco antes del 12 de febrero?.

Que bueno que preguntas.

Lo hago a través de un proceso diario de quince minutos de revisión de tareas y traslado las mismas al calendario. Este es el proceso.

Cada día a las ocho de la mañana, al llegar a mi oficina, lo primero que hago es abrir mi agenda semanal en mi computador o tableta y abrir mi lista de tareas en mi cuaderno de notas. Le doy un vistazo rápido a las tareas de la sección trabajo, estimo el tiempo aproximado que me tomará realizarlas y las coloco como un evento en el calendario. Por ejemplo: si leo una tarea que dice «Descargar reporte de ventas y enviar al vicepresidente», estimo treinta minutos para hacer esa tarea y la coloco en mi calendario. Inmediatamente la elimino de mi cuaderno. En el momento en que una tarea está en el calendario, ya no puede coexistir en el cuaderno. Luego reviso la sección de negocio y luego la sección personal. Al llegar a la sección personal, veo una tarea que dice: «Comprar una resma de papel blanco para el

> **En el momento en que una tarea está en el calendario, ya no puede coexistir en el cuaderno.**
> #tumomentoahora.com

lunes 12 de febrero». En ese momento estimo la duración (digamos que quince minutos en la ida a la casa) y la coloco en mi agenda ese día a las seis de la tarde. Inmediatamente la elimino de la lista de tareas. A las seis de la tarde, cuando esté saliendo de la oficina, mi teléfono me recordará que debo pasar por la tienda y comprar una resma de papel.

La única excepción a esta regla en el proceso de revisión de tareas es si el tiempo estimado de la tarea es menor a dos minutos; en tal caso, la hago inmediatamente sin colocarla en el calendario, y por supuesto, la elimino del cuaderno. Imaginemos que una de las tareas en el área del trabajo es «enviarle la presentación de ventas al director de finanzas». Si ya tengo la presentación en mi computador y solo me toma menos de dos minutos enviar un correo anexando la presentación, lo hago inmediatamente. Si tarda más de dos minutos, coloco la tarea en el calendario como expliqué anteriormente y la elimino del cuaderno.

Ok Víctor Hugo, pero ¿qué pasa si tienes un evento en tu calendario y surge una emergencia y no puedes, por ejemplo, descargar el reporte de ventas que tenías planeado? Siempre van a surgir emergencias; cuando estas sucedan, simplemente mueves el evento de media hora a otro espacio de media hora que tengas libre ese día o en la semana ¿Recuerdas todos los espacios en blanco? Pues son para eso.

Este es el proceso:

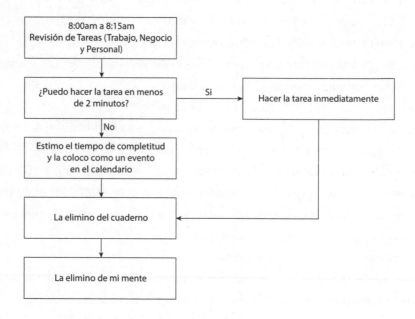

Nuevamente es importante reforzar la idea de que después que la colocas en el calendario, no solo la eliminas del cuaderno sino también de tu mente.

Como podrás darte cuenta, el calendario se transforma en tu mapa del éxito. Todo lo que tienes que hacer ese día y en la semana está claramente establecido en tu agenda semanal. No es necesario ocupar espacio mental. Todo lo importante está ahí.

El correo electrónico

En mi opinión, el mayor enemigo de la productividad en la actualidad es el correo electrónico. Muchos pasamos horas del día trabajando desde nuestro programa de correo electrónico. Continuamente estamos leyendo y respondiendo correos.

Y lo peor de todo es que nunca logramos dominarlo. Salimos de la oficina cada noche con decenas, si no cientos, de correos sin responder.

El problema con el email es el siguiente: ¿qué sucede cuando tenemos un tiempo abierto en la oficina?

Nos vamos inmediatamente a revisar el correo electrónico. En consecuencia, pasamos días completamente «ocupados» por la sencilla razón de que el tiempo que podríamos designar a tareas de importancia como la reflexión, planificación, innovación, etc., lo invertimos en el correo electrónico.

¿Qué sucede cuando no abrimos margen para la reflexión y el pensamiento?

Destruimos el proceso de mejora continua en nuestra empresa o negocio, minimizamos la innovación y damos un golpe mortal a la creatividad.

Piensa por un segundo en cómo era la vida antes del correo electrónico. En el pasado, necesitabas esperar que llegara el correo, que solo pasaba una o dos veces al día. ¿Te imaginas un mundo donde el cartero tocara a tu puerta cada dos minutos para darte una nueva carta? ¿Y te imaginas que pararas todo lo que estás haciendo cada dos minutos para leer la carta y responderla?

> El calendario se transforma en tu mapa del éxito. Todo lo que tienes que hacer ese día y en la semana está claramente establecido en tu agenda semanal.
> #tumomentoahora.com

> El mayor enemigo de la productividad en la actualidad es el correo electrónico. Muchos pasamos horas del día trabajando desde nuestro programa de correo electrónico.
> #tumomentoahora.com

Entonces, ¿por qué lo hacemos hoy? ¿Cómo hacíamos en aquella época? Ahí está la respuesta.

Por eso quiero mostrarte los principios que considero correctos para el manejo del correo electrónico. De esa manera, el correo electrónico funcionará para ti y tú no serás esclavo de él.

Recuerda siempre que, si trabajas desde el correo electrónico, estás trabajando para las prioridades de otro, no por las tuyas. ¿Alguna vez te ha llegado un correo electrónico que diga algo como: ¿ya reservaste tiempo para tus «metas proactivas»? o ¿Te aseguraste de hacer ejercicios hoy tal y como te lo propusiste? Nunca te llegan correos así. El noventa y nueve por ciento de los correos que te llegan son prioridades de otra persona y necesitas tratarlos como tal.

> **Recuerda siempre que, si trabajas desde el correo electrónico, estás trabajando para las prioridades de otro, no por las tuyas.**
> #tumomentoahora.com

Por ello necesitas utilizar un sistema de correo electrónico que funcione para ti y te dirija al destino que tienes planificado. Si lo dejas sin control, el correo electrónico te absorberá todas las horas productivas de tu vida y terminarás cada día agotado, pero sin sentir que has progresado.

Recuerda que no es lo mismo estar ocupado que estar progresando.

Con este sistema te voy enseñar a progresar.

El proceso tiene tres partes; después que las coloques en tu calendario, te puedes olvidar de ellas y el proceso funcionará a la perfección.

> **El noventa y nueve por ciento de los correos que te llegan son prioridades de otra persona y necesitas tratarlos como tal.**
> #tumomentoahora.com

Parte #1: reserva solo dos bloques de un máximo de treinta minutos al día para revisar el correo electrónico.

Sé que sonará imposible, pero confía en mí por un momento. Te voy a explicar exactamente cómo funciona. Los treinta minutos tienen un proceso específico que te explicaré en la parte #2.

El concepto es sencillo: no puedes trabajar desde tu correo electrónico. No puedes trabajar para cumplir las prioridades de otros. Reserva en tu calendario dos bloques de treinta minutos cada uno. La manera en que yo lo hago es uno a las ocho y media de la mañana (al llegar a la oficina) y otro a las cinco de la tarde (antes de salir de la oficina). Puedes escoger horas diferentes que funcionen a tu esquema de vida.

Parte #2: ejecuta el proceso de correo electrónico GTD simplificado en cada uno de los dos bloques de treinta minutos.

Este es el proceso GTD simplificado:

Primero que todo, para seguir este proceso necesitas crear dos carpetas en tu programa de correo electrónico. Estas son las carpetas:

Carpeta #1: «Archivo» -> Esta carpeta funcionará como un archivo de los correos que contienen información importante que puedas necesitar en el futuro.

Carpeta #2: «Seguimiento» -> Esta carpeta almacenará todos los correos electrónicos que requieren tu atención. Es decir, tienen una acción que depende de ti, y las personas están esperando algo directamente de tu persona.

El proceso se inicia abriendo tu programa de correo electrónico. Un punto importante es que la razón por la cual digo que comienza abriendo el correo electrónico es porque antes estaba cerrado, y luego de los treinta minutos se cerrará otra vez. No puedes tener el programa del correo electrónico abierto. Es más, en tu tableta y móvil necesitas eliminar cualquier notificación referente al correo electrónico. Recuerda que a partir de hoy el correo funcionará para ti y no tú para él.

> **No puedes tener el programa del correo electrónico abierto.**
> #tumomentoahora.com

Cuando abres el program de correo electrónico vas a tener una lista de correos que no has leído. Comienza con el primero, no le des prioridad a ningún correo (menos si en el asunto dice que te ganaste un millón de dólares que están en una cuenta en Nigeria o que a partir de mañana Facebook y WhatsApp van a ser pagos). Comienza con el primero y lo abres.

Cuando lo abres te haces la siguiente pregunta: ¿es accionable?, es decir, ¿se espera una acción de alguien (mi equipo o mi persona) o es solo información? En caso de que sea solo información (es decir, sin acción), te haces la siguiente pregunta: ¿puedo necesitarlo en el futuro? Si la respuesta es sí, lo guardas en la carpeta «Archivo». Si la respuesta es no, lo borras inmediatamente.

Pero ¿qué pasa si el correo sí es accionable? Es decir, que sí se espera una acción de mi parte o de mi equipo.

Pues te haces la siguiente pregunta: ¿puedo responder este correo en menos de dos minutos? Si la respuesta es sí, entonces lo respondes inmediatamente. Si la respuesta es no (es decir, necesitas más de dos minutos para responderlo), te haces la siguiente pregunta: ¿puedo delegarlo a mi equipo? Si la respuesta es sí, delega y reenvía al miembro de tu equipo. Si la respuesta es no, quiere decir que tú eres el único que puede hacerlo, entonces mueves el correo a la carpeta de seguimiento.

Este es el proceso en una forma gráfica:

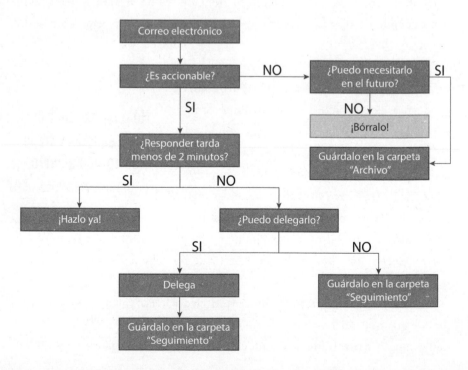

Aunque el proceso te parezca un poco complicado, cuando lo hagas tres o cuatro veces se te volverá natural.

Como te podrás dar cuenta, cada email te debería tardar un máximo de dos minutos. Pero la mayoría tardará menos porque lo delegarás, borrarás o colocarás en la carpeta archivo o seguimiento.

Este es un proceso muy rápido de leer, borrar, archivar, delegar o mover a la carpeta seguimiento.

Recuerda que los únicos correos que responderás son los que te tomen menos de dos minutos responder. Todo lo demás, nuevamente, borrar, archivar, delegar o mover a la carpeta «seguimiento».

> **Recuerda que los únicos correos que responderás son los que te tomen menos de dos minutos responder. Todo lo demás, nuevamente, borrar, archivar, delegar o mover a la carpeta «seguimiento».**
> #tumomentoahora.com

A los pocos días de hacer este proceso, te darás cuenta de que te toma menos de treinta minutos llevar tu bandeja de entrada del correo electrónico a cero.

Ok Víctor Hugo, pero ¿qué hago con todos esos correos que están en la carpeta de «seguimiento» y que están esperando mi respuesta? Esa es la parte 3.

Parte #3: Reserva en tu calendario una hora al día para revisar la carpeta de «seguimiento».

En mi caso personal reservo todos los días de nueve a diez de la mañana para este proceso y aplico exactamente el mismo procedimiento que cuando hago la decisión de tareas: o respondo los emails o los coloco en el calendario.

El proceso comienza abriendo la carpeta de «seguimiento» y abriendo el primer correo en la lista. Luego con cada correo que reviso me hago las siguientes preguntas:

1. ¿Responder este correo requiere quince minutos o menos? Entonces respondo inmediatamente y borro el correo electrónico, o lo archivo.

2. Si la respuesta es «no» (es decir, necesita más de quince minutos), creo un evento en mi agenda con el tiempo estimado para completar

la tarea. (El mismo proceso que la revisión de tareas). Luego archivo el email y... me olvido.

3. Sigo al siguiente email y vuelvo al punto 1.

He aquí el proceso de revisión de carpeta de «seguimiento»:

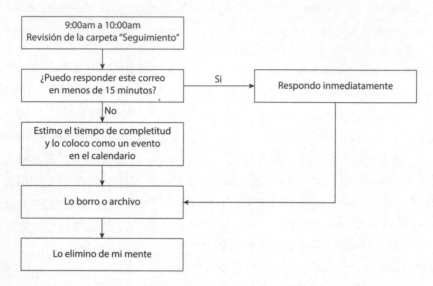

Un aspecto importante de este proceso de revisión de la carpeta de «seguimiento» es que durante este tiempo no voy a mi bandeja de entrada nuevamente. Este tiempo es solo para revisar el correo previamente filtrado como «seguimiento». Para revisar tu bandeja de entrada nuevamente necesitas esperar a tu segundo bloque de correo electrónico del día. En mi caso, a las cinco de la tarde.

Sigue este proceso y multiplicarás tu productividad en tu trabajo o negocio. ¿Y qué harás con todo el tiempo libre que antes invertías en el correo electrónico? Inviértelo en tareas más productivas como pensar, reflexionar, planificar nuevos proyectos, o simplemente sal más temprano de la oficina para estar con tu familia o amigos.

Aprender y aplicar este proceso en las tres herramientas de la productividad debería ser una de tus «metas proactivas» del área del «tiempo».

GMT-05	Sun 2/26	Mon 2/27	Tue 2/28	Wed 3/1	Thu 3/2	Fri 3/3	Sat 3/4
6am		6:30 - Meditación y AP	6:30 - Meditación y AP	6:30 - Meditación y AP	6:30 - Meditación y AP	6:30 - Meditación y AP	
7am							
8am		8 - Revisión de tareas / 8:30 - Correo electrónico	8 - Revisión de tareas / 8:30 - Correo electrónico	8 - Revisión de tareas / 8:30 - Correo electrónico	8 - Revisión de tareas / 8:30 - Correo electrónico	8 - Revisión de tareas / 8:30 - Correo electrónico	
9am		9 - 10 Revisión de carpeta Seguimiento	9 - 10 Revisión de carpeta Seguimiento	9 - 10 Revisión de carpeta Seguimiento	9 - 10 Revisión de carpeta Seguimiento	9 - 10 Revisión de carpeta Seguimiento	
10am							
11am							
12pm		12P - 1P Ejercicios	12P - 1P Ejercicios	12P - 1P Ejercicios	12P - 1P Ejercicios	12P - 1P Ejercicios	
1pm							
2pm			2P - 5P Proyecto 107		2P - 5P Proyecto 107		
3pm							
4pm							
5pm		5P - Correo electrónico	5P - Correo electrónico / 5:30P - 6:30P Lectura	5P - Correo electrónico	5P - Correo electrónico	5P - Correo electrónico / 5:30P - 6:30P Lectura	
6pm		6P - 12P Grabar videos curso or-line			6P - 9P Noche de hombres con Benjamín		
7pm							
8pm							
9pm							
10pm							
11pm							

Luego de agregar el proceso de revisión de tareas, correo electrónico y de la carpeta de «seguimiento», tu agenda semanal debería verse (siguiendo el ejemplo anterior) más o menos así:

De acuerdo con este proceso, todo lo que ves blanco en el calendario es tiempo para desarrollar tu negocio o tu trabajo. Tus metas proactivas están totalmente cubiertas y lo mejor de todo, no tienes nada de que preocuparte en tu mente. Todo el sistema está en tu calendario.

Uno de los argumentos que muchas personas me dicen es el siguiente: pero Víctor Hugo, no te imaginas la cantidad de reuniones a las que tengo que ir. Todo ese tiempo en blanco se llena de reuniones y no tengo tiempo para progresar sino solo para mantenerme en el torbellino del trabajo.

Entonces conversemos de las reuniones.

CAPÍTULO 13

NO TIENES QUE IR A LAS REUNIONES

RECUERDO HACE VARIOS AÑOS QUE ESTABA CAMINANDO POR UN PASILLO EN Procter & Gamble y pasé al lado de un salón de conferencias. Como tenía una pared de vidrio pude ver adentro y logré notar que el salón estaba repleto de personas.

Tuve que parar y contarlas: había treinta y cuatro personas en total. Dieciséis sentadas a la mesa y dieciocho de pie alrededor del salón. Estoy seguro de que estaban por encima del límite máximo de personas permitido por los bomberos.

En ese momento me pregunté: ¿qué necesitan hacer treinta y cuatro personas en un salón? Yo puedo entender que haya treinta y cuatro personas en una clase o entrenamiento, o que en una plenaria o conferencia tengas cien personas escuchando. Pero ¿en una reunión de trabajo?

Esta es la respuesta: perder el tiempo.

A lo largo de mi vida profesional me he dado cuenta de que los dos mayores consumidores de tiempo, las dos razones principales que nos hacen sumamente ineficientes, son

> No tienes que ir a las reuniones.
> #tumomentoahora.com

leer correos electrónicos todo el día (lo conversamos en el capítulo anterior) y la inmensa cantidad de reuniones innecesarias (reunionitis).

Si inviertes mucho tiempo en reuniones, quiero mostrarte el proceso mental que yo uso para estas.

> **Me he dado cuenta de que los dos mayores consumidores de tiempo, son leer correos electrónicos todo el día y la inmensa cantidad de reuniones innecesarias.**
> #tumomentoahora.com

El pilar fundamental de mi proceso mental es el siguiente: al recibir una invitación para una reunión de trabajo, siempre parto del punto de que no necesito estar ahí.

Permíteme repetirlo: parto del estado mental de que no necesito estar ahí.

Este es el gran secreto: no necesitas estar en todas las reuniones. De hecho, ¡no necesitas estar en la mayoría de ellas!

Este fue un cambio de paradigma grande para mí, yo tendía a pensar que siempre tenía que estar en todas las reuniones a las que era invitado. Iba a una reunión, pasaba una hora callado solo para dar un comentario de tres minutos. O peor aún, una reunión de quince personas donde todos se creían caciques y todos dando su opinión en un proyecto.

Total y absoluta pérdida de tiempo.

Por eso quiero explicarte el proceso mental que ocurre ya de manera automática e instintiva en mi mente subconsciente cuando recibo una invitación a una reunión.

En primer lugar, parto del punto de que no necesito estar presente. Sin embargo, me hago la primera pregunta: ¿la invitación me la envió mi jefe directo o algún superior?

Si la respuesta es afirmativa, acepto la invitación y voy a la reunión. Sin embargo, si después de ir a la reunión, continúo creyendo que es innecesaria, respetuosamente le comento mi punto de vista a mi jefe, siempre mostrándole lo que pudiera estar haciendo en ese tiempo que lo beneficiaría más que si estuviera en la reunión. (Recuerda que si quieres influir en alguien, especialmente en tu superior, debes mostrarle

> **¡No necesitas estar en la mayoría de las reuniones!**
> #tumomentoahora.com

siempre cuál es el beneficio que ellos obtendrán si se alinean con tu propuesta).

Volviendo a la primera pregunta, si la invitación no me la envió mi jefe o algún superior, entonces me hago las siguientes tres preguntas:

A) ¿Puedo dar mi punto de vista o actualizar al equipo por correo electrónico? Si la respuesta es afirmativa, lo hago y declino la reunión.

B) ¿Puedo revisar la minuta luego de la reunión, ejecutar mis obligaciones y luego informar al equipo? Pues así lo hago.

C) ¿Puedo ir a la reunión solo diez o quince minutos para discutir mi tópico en vez de estar en toda la reunión durante una o dos horas? Entonces así lo hago.

A continuación, te muestro el proceso mental en forma gráfica:

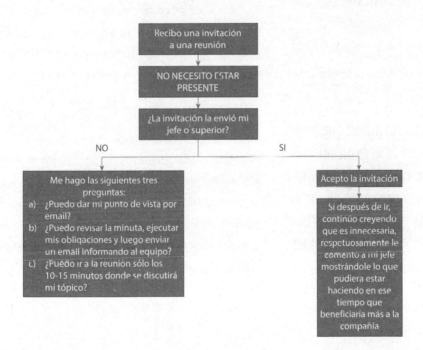

Puntos clave para recordar.

1. Si es tu jefe o superior quien envía la invitación a la reunión vas a tener que ir. Si luego de ir continúas creyendo que no es necesaria tu

presencia, conversa honestamente con él y muéstrale que podrías estar haciendo en ese tiempo algo que sería de mayor importancia para el equipo.

2. Me he dado cuenta de que más del cincuenta por ciento de las reuniones son innecesarias. También me he dado cuenta de que cuando contacto al organizador de una reunión y le hago las preguntas a, b y c del gráfico, la mayoría de las veces amablemente me dice que sí y que no hay problema. Esto me ha liberado de cerca del cincuenta por ciento de las reuniones fijas que tenía, ¡lo cual me ahorró de siete a diez horas a la semana!

3. Sí hay reuniones importantes donde necesitas estar en persona. Asegúrate de estar en esas.

4. Conviértete en agente de cambio y colabora con mejorar la cultura de tu organización: no organices reuniones que no sean necesarias o invita solamente a las personas que realmente necesitan estar ahí.

> Conviértete en agente de cambio y colabora con mejorar la cultura de tu organización: no organices reuniones que no sean necesarias o invita solamente a las personas que realmente necesitan estar ahí.
> #tumomentoahora.com

Nunca olvides esto, sin importar en qué nivel de la organización te encuentres, no necesitas estar presente en todas las reuniones a las que eres invitado. Recuerda lo que hemos mencionado ya varias veces: a muchas cosas tendrás que decirle «no» para poder decirle a pocas cosas «sí». Respecto a ese concepto, necesitamos aprender a definir lo esencial.

> Sin importar en qué nivel de la organización te encuentres, no necesitas estar presente en todas las reuniones a las que eres invitado.
> #tumomentoahora.com

CAPÍTULO 14

ÚLTIMAS PALABRAS DE LA PRODUCTIVIDAD[1]

UNA DE LAS CLAVES SECRETAS DE LA PRODUCTIVI-dad tiene que ver con aprender a definir lo escencial. Es entender que en la vida se te van a presentar múltiples problemas y oportunidades, batallas que vale la pena luchar y batallas que vale la pena perder.

> **Para poderle decir "sí" a algunas cosas, tienes que decirle "no" a muchas otras.**
> #tumomentoahora.com

Si, así mismo.

No necesitamos ganar todas las batallas.

Cuando llegas a la realización de esto, comienzas a definir lo escencial. A partir de este punto comprendes que para poderle decir "sí" a algunas cosas, tienes que decirle "no" a muchas otras.

Una de las historias que más me llamó la atención y la describí en mi libro Despierta tu Héroe Interior es la siguiente:

Una "maravillosa historia de enfoque la vemos en la cadena más grande de cafeterías: Starbucks.

Starbucks fue fundada en 1971 y creció rápidamente en Estados Unidos y luego a nivel mundial con ya más de veintitrés mil tiendas alrededor del mundo.

Pero para Starbucks el crecimiento no fue siempre fácil. Entre el año 2005 y 2008 las ventas de las tiendas disminuyeron debido a que el rápido crecimiento de la organización les había hecho perder el enfoque. Las tiendas ya no solo vendían café, sino que una inmensa cantidad de oportunidades los habían desenfocado: la adición de desayunos, venta de CD, cafeteras, etc.

En enero del año 2008, la junta directiva decide traer de vuelta a uno de sus más brillantes CEO, Howard Schultz, con el objetivo de que la empresa regresara al nivel de crecimiento que una vez había tenido.

Una de las primeras decisiones de Schultz, necesaria pero sumamente difícil, fue cerrar todas las tiendas en Estados Unidos por un día para reentrenar al personal en cómo servir la mejor taza de café posible. Esta decisión de cerrar todas las tiendas por un día le costó a Starbucks siete millones de dólares.

El trabajo que realizó Schultz fue el de reenfocar a la organización, enseñarles que por encima de los desayunos, los CD y las cafeteras, ellos tenían que ser los mejores haciendo café. Respecto a esto, Schultz comentaba:

Nosotros comenzamos a hacer una promesa de manera permanente para nosotros y para nuestros clientes que la calidad de todo lo que hacemos necesita ser probada en la taza de café [...]

Yo creo que lo que estaba tratando de hacer era que todo el mundo entendiera que no se trataba de Howard Schultz, que no se trataba de miles de tiendas. Se trataba de una tienda, de una taza de café extraordinaria, y un compromiso [...] de hacer todo lo posible para superar las expectativas de nuestros consumidores.[2]

La historia de Starbucks es una historia de enfoque, y de cómo una compañía que perdió su enfoque, casi se destruye ella misma. Sin embargo, también es una historia de redención y de cómo, volviendo a enfocar al equipo, sales de nuevo hacia adelante.

En la medida que tienes éxito, te darás cuenta de que comenzarán a llegar a ti cada vez más oportunidades. Algunas acelerarán el logro de tus sueños y metas, pero otras te desviarán de lo que sueñas. Por eso, de la misma manera que Starbucks decidió cancelar el lanzamiento de sus desayunos calientes y otras muchas cosas con el objetivo de reenfocarse en el café, necesitas enfocarte en lo esencial.

Starbucks se vio forzado a volver a lo esencial para sobrevivir y continuar creciendo.

Nosotros necesitamos aprender a podar. Necesitamos volver a lo esencial.

En su magnífico libro *Essentialism: The Disciplined Pursuit of Less* (*Esencialismo: logra el máximo de resultados con el mínimo de esfuerzo*), Greg McKeown define el esencialismo como la disciplina de hacer las cosas correctas. Al respecto, comenta:

> **Necesitas enfocarte en lo esencial.**
> #tumomentoahora.com

El camino del esencialista [...] consiste en hacer una pausa constantemente para preguntarte: «¿Estoy invirtiendo en las actividades adecuadas?» [...]

El esencialismo no consiste en hacer más cosas; consiste en hacer las cosas adecuadas. Tampoco significa hacer menos por el simple hecho de hacer menos. Consiste en invertir de la manera más inteligente posible el tiempo y la energía para dar nuestra mayor contribución al hacer sólo lo que es esencial [...]

El camino del esencialista rechaza la idea de que podemos ocuparnos de todo y, en cambio, nos pide que lidiemos con tratos de «perder para ganar» y que tomemos decisiones difíciles.[3]

Por eso he creado el paso II de este libro. Una sección del libro que te lleva desde la definición de tu propósito (o vocación) a crear tu marca personal, tu esencia, y las metas rezagadas y proactivas o hábitos necesarios para alcanzar tu visión de vida.

Pero cuando aplicas todo lo que has aprendido en este libro, comienzas a tener éxito y pierdes enfoque, puedes «morir de éxito». Respecto a esto hay una teoría llamada «la paradoja del éxito».

> **El esencialismo no consiste en hacer más cosas; consiste en hacer las cosas adecuadas.**
> #tumomentoahora.com

La paradoja del éxito

La paradoja del éxito explica que las razones que te llevaron al éxito, son las mismas que te llevan luego al fracaso. Esto sucede por dos razones:

a) Crees que lo que te llevó al éxito ayer puede sostenerte hoy (pierdes el enfoque en tu cliente, sus cambios de comportamientos, tecnología, etc.) Un ejemplo podría ser la persona que se hizo súmamente exitosa vendiendo máquinas de escribir y decide persisitir en la estrategia de ventas que la llevó al éxito en los 60 y 70.

b) Pierdes el enfoque en lo escencial —lo que te llevó al éxito en primer lugar- e inviertes mucho tiempo es cosas "anexas" que no te llevan al progreso de tu proyecto.

Una historia que me ha pasado varias veces, en diferentes contextos, me ha enseñado el poder de enfocarse en los escencial.

Cuando comencé mi plataforma LiderazgoHoy.com en el 2012, logré llevarla de cero visitas a más de un millón y medio de visitas al año a punta de publicaciones de artículos, podcasts y videos gratuitos para mis seguidores. A medida que la plataforma crecía, oportunidades comenzaron a aparecer que eran "más atractivas" que sentarse a escribir o producir nuevo contenido: viajes, conferencias, entrevistas, etc.

Hubo momentos en el proceso donde paré la publicación de mi contenido porque estaba muy ocupado en una gran cantidad de "actividades".

El problema está en que estas "actividades" me alejaron de la escencia que me había hecho crecer desde el primer momento. Para colocartelo en perspectiva, tres meses sin publicar hizo que mi tráfico cayera y recuperarlo me tomó casi doce meses.

> Desarrollar la capacidad para definir lo esencial y mantenerte aferrado a la disciplina de ejecutar esas actividades evitando caer en la tentación de las «nuevas» oportunidades, será uno de los pilares de tu éxito sostenido en tu jornada.
>
> #tumomentoahora.com

Desarrollar la capacidad para definir lo esencial y mantenerte aferrado a la disciplina de ejecutar esas actividades evitando caer en la tentación de las «nuevas» oportunidades, será uno de los pilares de tu éxito sostenido en tu jornada.

Otro de mis secretos de cómo logro ser el ejecutivo de una empresa Fortune 500, estar con mis hijos, escribir dos libros y sostener una plataforma con más de un millón de visitas es la siguiente: le digo que "no" a muchas cosas más. Siempre trato de dedicar mi tiempo a lo escencial.

Recuerdo aquel día que estaba ayudando en una fundación sin fines de lucro en uno de sus trabajos en la comunidad. Un amigo me había invitado para que lo ayudara y fuera parte de esa organización.

¿Cómo decirle que no a ayudar? Ahí estaba.

Era media mañana cuando de repente una pregunta cayó en mi mente como un yunque.

¿Qué hago yo aquí?

Era difícil responder esta pregunta porque realmente estaba ayudando a estas personas, a este proyecto. Decidí acallar la pregunta y seguir trabajando.

Y volvió ¿Qué hago yo aquí? Luego de varias veces, ir y venir, tuve el coraje para responder.

Perdiendo el tiempo. Este no es mi lugar.

Y sé que suena duro porque estaba ayudando a una organización. Pero había llegado a la conclusión de que esto no era lo esencial para mí. Este no era mi propósito o vocación.

Éra para mi amigo, pero no era para mi.

Las personas siempre tendrán expectativas de lo que está bien y lo que no está bien, lo que deberías hacer y lo que no deberías hacer. Si decides vivir tu vida bajo las expectativas de otros, serás miserable, y lo peor de todo, es que nunca las cumplirás a cabalidad.

Crea tu propia historia, no vivas la historia de otros.

Aprende a decir "no". Invierte tu tiempo en lo escencial. Enfócate. Pon toda tu energía, pasión, voluntad, persistencia y amor en unas pocas cosas, y el mundo será tu patio de recreo.

TERCERA PARTE

PASO III.
CONQUISTANDO
LO EXTERNO

CAPÍTULO 15

LAS CUATRO ETAPAS DEL CRECIMIENTO

ESTE LIBRO LO DIVIDÍ EN TRES PARTES PORQUE, EN MI OPINIÓN, ES LA PROGRESIÓN lógica que te llevará al éxito. Primero, te conquistas a ti (mente, cuerpo y espíritu), luego conectas lo interno con lo externo (definir visión, metas rezagadas y proactivas, hábitos que debes desarrollar y principios de productividad) y luego conquistas lo externo.

Cuando hablo de conquistar lo externo me refiero a ciertos conceptos, principios y habilidades que necesitas desarrollar para maximizar tus probabilidades de éxito cuando salgas a conquistar el mundo.

Uno de los conceptos más importantes que necesitas para entender la dinámica del mercado es el concepto de las cuatro etapas del crecimiento. Todd Henry, un gran amigo y autor de varios *bestsellers*, en su libro *Louder than Words* [Más fuerte que las palabras], explica el concepto como un proceso para definir tu voz y punto de diferenciación en el mercado. El concepto es tan poderoso que funciona para predecir negocios, marcas y hasta tu carrera profesional. Por eso he querido expandirme en el tema como parte de este segmento del libro.

Estoy seguro de que has experimentado etapas en tus proyectos, negocios o profesión en las cuales todo está saliendo de maravilla: hay crecimiento, nuevos clientes, tu liderazgo va en aumento, tienes *momentum*, etc.

Pero también hay etapas cuando las cosas no van tan bien y lo que una vez funcionaba, no funciona ya más. De hecho aprovecho para tocar un pensamiento limitante que muchos tenemos y que es el siguiente: «Si logras conseguir una fórmula ganadora, funcionará para siempre». Hoy te voy a demostrar por qué no es así.

Todo negocio, toda idea, todo proyecto pasa por cuatro etapas. La capacidad del líder (o el individuo si es un proyecto personal) de entender la etapa en la cual se encuentra y cuál es la próxima etapa potencial que harán la gran diferencia.

La primera etapa es la etapa del descubrimiento.

1. Descubrimiento

Todo comenzó aquel día en que descubriste una pasión por algo: te plantearon un negocio que cambió tu visión de la vida para siempre; observaste a otra persona tocando un instrumento musical, cantando o escribiendo, y decidiste que eso era lo que querías hacer; recibiste un llamado espiritual para una causa noble; viste un deporte nuevo que te fascinó y te llamó a practicarlo, una idea de un proyecto, una visión cambió tu vida, etc.

Ese día una idea sacudió tu mundo.

Ese día comenzaste a descubrir.

Cuando pasamos por esa experiencia, empezamos a leer sobre el tema, investigamos, nos reunimos con nuestro futuro socio para que nos dé más detalles del negocio, nos inscribimos en clases de canto, nos metemos en YouTube para aprender al respecto, compramos libros, nos inscribimos en la universidad o en un curso, etc.

A veces no podemos dormir. Estamos sumamente emocionados. Quisiéramos que el día tuviera más horas para descubrir más y más sobre nuestra nueva pasión.

En este momento se nos abrió una ventana a un nuevo mundo que no sabíamos que existía. Nuestra vida no será la misma nunca más.

Uno de esos momentos para mí fue cuando conocí por primera vez a Tony Robbins. Antes de ese momento, sabía de él pero tenía una percepción incorrecta de su trabajo. Siempre lo había visto como un motivador y ya. Pero un día recibí un video en YouTube de una niña que había intentado suicidarse. Ese día en mi computador vi una de las intervenciones más impresionantes que había visto en mi vida.

Hanna, una niña de trece años había intentado suicidarse, y para el momento del video, su creencia primordial era «no vale la pena vivir». En ese video pude observar cómo Tony la llevó de un estado de desempoderamiento a un estado de poder, reveló sus pensamientos limitantes y la confrontó con la verdad: que sus intentos de suicidio eran una estrategia para evitar el divorcio de sus padres (la manera de eliminar un problema, al menos temporalmente, es crear uno más grande, y el hecho de tener una hija suicida, paralizaba el proceso del divorcio temporalmente). Luego, Tony la llevó a vivir (visualizar) la posibilidad de que sus padres se divorciaran para que se diera cuenta de que no era una situación de vida o muerte. Al ella entender, no a nivel lógico, pero sí emocional, que el divorcio de sus padres era posible, estaba fuera de su área de control y que tal vez, era lo mejor para sus padres, desapareció toda desesperación y deseo de suicidio de su vida.

¿Por qué fue tan impactante para mí? No fue por la situación de Hanna (aunque me emocionó muchísimo ver cómo sanaba), sino que pude ver una luz en cómo yo podía ayudar a las personas a un nuevo nivel. Para ese momento, yo me sentía un gran motivador, inclusive mis seguidores me pedían que hiciera contenido diario para ayudarlos en sus vida. Mi frustración estaba en que mi labor para mi

> Yo no quería ser el que todos los días te mandaba frases bonitas por las redes sociales para motivarte en el día, sino más bien, la persona que te ayudaría a revelarte tus pensamientos limitantes, destruirlos de raíz, reemplazarlos con la verdad y prepararte para que vivieras una vida libre.
> #tumomentoahora.com

gente no era convertirme en un salvador, en alguien que necesita estar ahí siempre para motivarte y guiarte, sino más bien, la persona que podía ayudar a sanarte de manera permanente para que vivieras una vida al máximo. Yo no quería ser el que todos los días te mandaba frases bonitas por las redes sociales para motivarte en el día, sino más bien, la persona que te ayudaría a revelarte tus pensamientos limitantes, destruirlos de raíz, reemplazarlos con la verdad y prepararte para que vivieras una vida libre.

A partir de ese momento empecé a investigar, a leer todo lo que podía de Tony; fui a tres eventos de total inmersión con él, empecé a leer sobre PNL (programación neuro-lingüística) y comencé a apasionarme por la parte psicológica del éxito. En mayo de 2017, viajé a California para entrenarme con las personas que entrenaron a Tony acerca de los procesos de intervención.

Gran parte de este libro nació del momento en que vi ese video, y también la jornada que emprendí de ahí en adelante.

Luego del momento del descubrimiento, que es totalmente diferente para cada uno de nosotros, viene la etapa de emulación.

2. Emulación

En el proceso de descubrimiento, a la vez que vamos aprendiendo, empiezan a aparecer expertos en el área en la cual descubrimos esa nueva pasión. Esos expertos se convierten en nuestro modelo a seguir y comenzamos a copiarlos. Empezamos a seguir a emprendedores que admiramos, o a líderes religiosos que vemos como modelos, conferencistas que nos impactan o músicos que tienen la habilidad que queremos desarrollar. Y los copiamos.

Queremos tocar una canción como la misma banda que la creó, queremos predicar o dar una conferencia utilizando frases similares a la persona que admiramos, inclusive comenzamos a copiar el lenguaje y los conceptos que han desarrollado. Muchos negocios nacen porque ven un concepto que funciona de maravilla en otra ciudad o país y lo traen a su localidad.

Esta etapa es normal, sana y necesaria.

Tal y como comenté en la etapa de descubrimiento, comencé a estudiar y aprender de Tony. También comencé a copiarlo. Recuerdo un día que fui a dar un taller días después de un evento de inmersión con Tony. Cuando estaba dando el taller, una señora ya mayor de edad, hace el comentario de que a ella le gustaba mojarse bajo la lluvia cuando era niña.

Ese comentario despertó en mi una oportunidad de practicar las intervenciones que había visto en Tony.

¿Por qué cuando eras niña te gustaba mojarte en la lluvia y ahora no? ¿Qué define el espíritu de una niña contra el de una persona anciana? Y empecé a ahondar en el tema en frente de toda la audiencia.

La verdad que quería que se revelara a sí misma era que si ella rompía sus pensamientos limitantes (por ejemplo, ya soy una señora mayor y no me puedo mojar bajo la lluvia) iba a poder vivir una vida de mayor libertad. Para hacerte una historia corta, treinta minutos más tarde estábamos ambos, con ropa formal, bañándonos y cantando bajo la lluvia. (Con una manguera porque el cielo estaba sin una nube). Pero copiando el proceso de intervención que había estudiado de Tony, había podido romper el pensamiento de una señora y la había llevado a una experiencia inolvidable.

Cada vez que la veo, me recuerda, con una sonrisa en el rostro, el día que con ropa de salir nos mojamos bajo la «lluvia».

En la etapa de emulación empezamos a copiar las recetas de nuestro chef favorito, estudiamos a nuestro orador modelo y repetimos sus técnicas, aprendemos de nuestro socio o mentor, y hacemos exactamente lo que él hace. Esta etapa es importantísima.

Sin embargo, la mayoría de las personas se quedan en esta etapa teniendo un «éxito» mediocre. Nunca alcanzan su máximo potencial.

> **En la etapa de emulación empezamos a copiar las recetas de nuestro chef favorito, estudiamos a nuestro orador modelo y repetimos sus técnicas, aprendemos de nuestro socio o mentor, y hacemos exactamente lo que él hace. Esta etapa es importantísima.**
> #tumomentoahora.com

> **En los negocios y en tu marca personal, necesitas tener un punto de diferenciación.**
> #tumomentoahora.com

¿La razón? Porque terminan siendo una copia de alguien más.

En los negocios y en tu marca personal, necesitas tener un punto de diferenciación. Este punto lo tocamos a fondo en el capítulo de la marca personal. Sin embargo, muchas veces para llegar a descubrir tu punto de diferenciación, necesitas pasar por la etapa de emulación. Solo que necesitas estar consciente de que no debes mantenerte en esa etapa mucho tiempo. Necesitas unir lo que has aprendido y traer tu individualidad al mercado.

> **Necesitas unir lo que has aprendido y traer tu individualidad al mercado.**
> #tumomentoahora.com

Por eso es imprescindible que eventualmente pases a la etapa de divergencia.

3. Divergencia

La divergencia es cuando empiezas a mostrar tu individualidad. Cuando unes todo lo aprendido de tus héroes y mentores pero le agregas tu propio criterio y personalidad.

Esta es la etapa en que realmente creas algo nuevo, algo único. Estás finalmente siendo un creador.

Los líderes más grandes del mundo fueron personas divergentes: Martin Luther King, Nelson Mandela, La Madre Teresa, Steve Jobs, entre otros. Pero también la persona en tu comunidad que monta un *coffee shop* con un punto de diferenciación único y especial, o el empleado que desarrolla intencionalmente su marca personal en la empresa, o el *coach* que luego de aprender de los mejores, crea un proceso más óptimo y eficiente para sus clientes.

> **La divergencia es cuando empiezas a mostrar tu individualidad. Cuando unes todo lo aprendido de tus héroes y mentores pero le agregas tu propio criterio y personalidad.**
> #tumomentoahora.com

La divergencia es el proceso en el que decides que no quieres ser una copia ni un *commodity*, y traes algo único al mercado.

En la etapa de divergencia es cuando realmente conseguirás tus verdaderos seguidores y cementarás tu liderazgo.

Por ejemplo, para continuar en el ejemplo anterior, hay muchos conceptos que aprendí de Tony que incluí en este libro (mapa paradigmático, pensamientos limitantes, necesidades del ser humano, etc.), pero los optimicé e integré en un proceso que creo es más aplicable a la vida diaria (conquista lo interno, conecta con lo externo, conquista lo externo). También tomé conceptos de David Allen de GTD y FranklinCovey para el manejo de la agenda, emails y tareas, y los transformé en un proceso más sencillo y aplicable (aunque te parezca complicado). Pero no solo eso, lo conecté con la psicología del ser humano, que es un concepto que ni Stephen Covey ni David Allen habían tratado antes. Este libro es mi esfuerzo en traer mi individualidad a una serie de conceptos creados por grandes pensadores.

Al final, necesitas ser único. Las personas no siguen a copias, siguen solo a originales.

En la etapa de divergencia se crea el crecimiento exponencial de tu marca, de tu carrera y de tu negocio. Este gráfico muestra el nivel de crecimiento.

> **La divergencia es el proceso en el que decides que no quieres ser una copia ni un *commodity*, y traes algo único al mercado.**
> #tumomentoahora.com

4 Etapas del Crecimiento y el Éxito

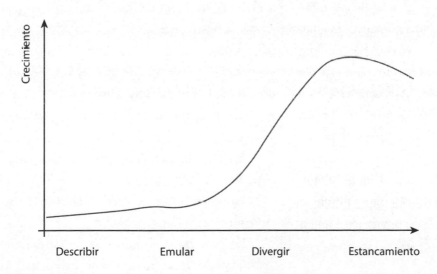

Crecimiento

Describir   Emular   Divergir   Estancamiento

La etapa de divergencia traerá un crecimiento masivo que, en la mayoría de los casos, termina en un estancamiento.

4. Estancamiento

Te das cuenta de que entras en la etapa de estancamiento cuando, de repente, las cosas que antes funcionaban ya no funcionan más. El éxito que te trajo tu originalidad ahora es copiado por muchos. Ya no eres el único. Tu modelo de crecimiento exitoso ahora está siendo emulado por los que te consideran su héroe o mentor.

Cuando una persona empieza a tener éxito, bien sea porque trajo una idea única al mercado, o desarrolló una habilidad especial o creó una marca que muchos quieres seguir, empiezas a convertirte en el epicentro de emulación de otros.

¿Recuerdas que te comentaba que cuando empiezas la etapa de descubrimiento te encuentras con los mejores y los empiezas a copiar? Bueno, ahora tú eres uno de los mejores, y muchos que están en la etapa de descubrimiento y emulación empiezan a copiar tus habilidades, ideas, diseños, etc.

Con el tiempo, lo que te hacía único, ya no es más único. Por ejemplo, si creas un *coffee shop* donde vendes cafés especiales de una región del mundo, y se convierte en un éxito, al cabo de los años tendrás muchos *coffee shops* vendiendo el mismo café. Es decir, tu punto de diferenciación ahora se transformó en tu punto de paridad.

Y comienzas a convertirte en un *commodity* otra vez.

La razón es que estás emulándote a ti mismo, junto a muchos otros.

En esta etapa el individuo ha perdido su pasión por divergir nuevamente. Se ha sentido

> **La etapa de divergencia traerá un crecimiento masivo que, en la mayoría de los casos, termina en un estancamiento.**
> #tumomentoahora.com

> **Con el tiempo, lo que te hacía único, ya no es más único.**
> #tumomentoahora.com

cómodo con el crecimiento y el éxito y poco a poco el mercado lo alcanzó y lo igualó. Volvió a ser uno más del montón.

Cuando llegas a esta etapa tienes dos opciones: a) quedarte tranquilo y ver cómo poco a poco se cae todo lo que construiste o b) vuelves a la etapa de descubrimiento con el objetivo de divergir nuevamente.

Los grandes líderes, celebridades y empresas que han perdurado en el tiempo son aquellos que han logrado reinventarse constantemente. Lo que funcionó antes, no funcionará siempre. Punto.

Necesitas volver al descubrimiento. Tienes que volver a traer tu singularidad al mercado.

La gran pregunta que debes hacerte es: ¿en cuál etapa estoy en mi proyecto, negocio, carrera profesional, etc? ¿Es ahora el momento en que necesito divergir? ¿O estoy tratando de mantener viva una idea o proyecto que está en la etapa del estancamiento sin volver de nuevo al descubrimiento? ¿Es mi negocio, mi iglesia, mi proyecto, mi idea igual a la de muchos? ¿Qué único le voy a traer al mercado?

Diverge otra vez.

> **Los grandes líderes, celebridades y empresas que han perdurado en el tiempo son aquellos que han logrado reinventarse constantemente.**
> #tumomentoahora.com

CAPÍTULO 16

EL PODER DE LA CONEXIÓN

PARA PODER TENER ÉXITO EN LA VIDA, VAS A NECESITAR CONECTAR CON OTROS SERES humanos. La conexión nace de la empatía, por eso es importante discutir tres pasos que te ayudarán a ser más empático de ahora en adelante. La empatía es una de las herramientas de liderazgo más poderosas que existe. De hecho, no creo que se logren relaciones importantes donde no haya empatía.

El primer paso para crear empatía es desarrollando el arte de escuchar:

> La empatía es una de las herramientas de liderazgo más poderosas que existe. De hecho, no creo que se logren relaciones importantes donde no haya empatía.
> #tumomentoahora.com

1. Escucha

Recuerdo que hace un tiempo estaba hablando con mi madre y ella me contaba una situación personal que la tenía un poco frustrada. Nada grave pero un poco frustrante. Al escucharla, le expresé mi punto de vista de la situación filtrándola por el aprendizaje que he tenido en el blog, los libros que me he leído, etc. Mi respuesta fue como la de un «ser elevado» que ve la situación desde arriba y expresa su «sabiduría».

En medio de la conversación me doy cuenta de que no estoy siendo empático con ella. Más aún, me vienen recuerdos a la mente de conversaciones pasadas con ella y otras personas en las que respondía de la misma manera. Como si tuviera una respuesta para todo.

Ese día me di cuenta de que, a veces en nuestro camino de desarrollo en la vida, olvidamos lo que éramos cuando comenzamos a atraer personas. Nos olvidamos de los momentos cuando no teníamos todas las respuestas, cuando éramos empáticos, cuando escuchábamos más de lo que hablábamos.

> **Ese día me di cuenta de que, a veces en nuestro camino de desarrollo en la vida, olvidamos lo que éramos cuando comenzamos a atraer personas.**
> #tumomentoahora.com

Piensa por un momento que, a lo mejor, esa es la razón por la cual las personas comenzaron a seguirnos: porque escuchábamos.

Uno de los peores errores que podemos cometer como líderes en la medida que comenzamos a tener éxito es dar la apariencia de ser perfectos, de que lo sabemos todo, de que tenemos una respuesta para cada problema. Sin embargo, a veces llegamos a dar esa impresión sin darnos cuenta debido al compromiso que hemos tomado por crecer y cambiar, por lo libros que leemos y el esfuerzo que ponemos en desarrollar nuestra inteligencia emocional.

Sin ninguna mala intención, la «sabiduría» nos hace perder la conexión con la gente.

Pero...

A veces la sabiduría está en callar y escuchar.

A veces la sabiduría es empatía.

> **Uno de los peores errores que podemos cometer como líderes en la medida que comenzamos a tener éxito es dar la apariencia de ser perfectos.**
> #tumomentoahora.com

Existe una costumbre judía llamada «Guardar Shiva» (*Sitting Shiva* en inglés) según la cual los familiares más cercanos a quien ha perdido un ser querido lo visitan en su casa luego del entierro y simplemente se sientan y esperan. No dicen nada. Simplemente se enfocan en ser empáticos con el que ha sufrido la pérdida. Si la persona quiere hablar, pues hablan. Si la persona quiere estar en silencio, están en silencio; es una muestra clara de empatía.

> A veces la sabiduría es empatía.
> #tumomentoahora.com

En la medida que reflexionaba en esto me di cuenta de que, en los momentos en que experimenté la muerte de un ser querido, nunca me llenaron ni conectaron conmigo los comentarios de personas que se me acercaban y me decían cosas como: «Todo va a estar bien, él está más feliz en el cielo, estaba sufriendo mucho y Dios se lo llevó, o, algún día entenderemos el propósito de esta situación», etc.

¿Sabes quién me ha llenado? El que me ha abrazado y llorado conmigo.

Eso es empatía.

> A veces la sabiduría está en callar y escuchar.
> #tumomentoahora.com

Ahora bien, entiendo perfectamente el porqué las personas dicen esas frases y aprecio su buena intención. No quiero ser malinterpretado y parecer desagradecido. Entiendo que es un momento difícil y las personas quieren transmitirme su aprecio de alguna manera. Pero esa experiencia extrema se puede trasladar a muchas interacciones diarias para aprender a desarrollar empatía.

Siempre debemos recordar que la empatía ha sido y siempre será lo que desarrollará las más profundas relaciones.

> Siempre debemos recordar que la empatía ha sido y siempre será lo que desarrollará las más profundas relaciones.
> #tumomentoahora.com

Recuerda, a veces la sabiduría está en callar y escuchar.

A veces la sabiduría es empatía.

Luego de que has aprendido a desarrollar el arte de escuchar, el secreto para transmitir empatía es colocarte en los zapatos del otro.

2. Colócate «realmente» en los zapatos del otro

La empatía es la intención de comprender los sentimientos y emociones, intentando experimentar lo que siente el otro individuo. La palabra empatía es de origen griego: «empátheia» que significa «emocionado».

Es decir, la empatía es la capacidad de sentir las mismas emociones que la otra persona.

La única manera de poder sentir las mismas emociones que la otra persona es primeramente escuchando, y luego haciendo un esfuerzo intencional en pensar que, si viviera bajo el mismo contexto y hubiera tenido las mismas experiencias del otro individuo, muy probablemente pensaría y actuaría de la misma manera.

> **La empatía es la capacidad de sentir las mismas emociones que la otra persona.**
> #tumomentoahora.com

Empatía es lo contrario a juzgar. Empatía es entender que las personas son producto de una programación que ha sucedido por años, desde que nacieron hasta el presente: el hogar donde se criaron, las experiencias que vivieron, los traumas que pasaron (muchos sin culpa).

Son el producto de una serie de eventos en sus vidas que ocurrieron en su pasado. Entonces, aunque la manera como piensen y actúen en el presente puede ser deplorable, triste, juzgable y repulsiva, sus almas al nivel más puro son inocentes.

Al entender este concepto aprendes a desarrollar un nivel compasivo y empático hacia la humanidad, la gente, los compañeros de trabajo, tus padres, tus hijos.

Eso es lo hermoso que desarrolla una persona empática, una persona que entiende que todo el mundo es inocente al nivel del alma, sus acciones pueden que no, pero su esencia lo es.

> **Empatía es lo contrario a juzgar.**
> #tumomentoahora.com

Ser empático, es decir, sentir lo que siente el otro creará conexiones espirituales profundas y duraderas.

3. Responde de la manera adecuada para el crecimiento de la persona

En el paso 1 y 2, no hemos respondido, solo escuchado y empatizado. Pero es necesario responder, y esa respuesta debe ser de una manera que ayude al individuo a crecer. Responder empáticamente no es lo mismo que ser un alcahueta. La respuesta siempre debe buscar mover al individuo de una posición de desempoderamiento a una de empoderamiento.

Cuando uno se convierte en una persona empática comienza a atraer a muchas personas. Muchas de esas personas te contarán sus problemas no porque están buscando una solución, sino porque están buscando conexión y amor (una de las cuatro necesidades de todo ser humano). La realidad es que tú no quieres rodearte de personas que no quieren crecer, sino que solo están buscando absorber tu energía para llenar su tanque vacío de conexión.

La empatía dice: te escucho, siento lo mismo que tú sientes, ahora cómo podemos cambiar la situación o cambiar el mapa paradigmático. La empatía efectiva siempre apunta al desarrollo y al progreso, no a crear relaciones tóxicas de personas dependientes de personas empáticas para vivir.

Por ejemplo, si una persona está en tristeza o depresión, necesitamos responder de una manera que saque al individuo del estado en el que está, no de una manera que profundice su condición.

Todo lo que has aprendido en la primera parte de este libro te ayudará en ese proceso. No existe una receta genérica que funcione en cada caso, pero si logras mover a la persona de un estado de desempoderamiento (culpando)

> **Eso es lo hermoso que desarrolla una persona empática, una persona que entiende que todo el mundo es inocente al nivel del alma, sus acciones pueden que no, pero su esencia lo es.**
> #tumomentoahora.com

> **La empatía efectiva siempre apunta al desarrollo y al progreso, no a crear relaciones tóxicas de personas dependientes de personas empáticas para vivir.**
> #tumomentoahora.com

a un estado de empoderamiento (yo sí puedo cambiar la situación) habrás hecho la gran diferencia.

Ahora bien, uno de los errores más comunes que sucede es que cuando detectamos un patrón, pensamiento limitante, desalienación entre el mapa paradigmático y la realidad, se lo decimos al individuo. El secreto para crear transformación en los individuos es que ellos mismos lleguen a esas conclusiones. Por ello, nunca digas, más bien pregunta hasta que el individuo te lo diga.

La gran capacidad de un *coach* es su habilidad de hacer las preguntas correctas. Nunca digas: «Tienes un pensamiento limitante ya que crees que eres muy viejo para lograr tus sueños», más bien pregúntale: «¿Qué pensamientos tienes que crees te podrán estar limitando en tu éxito?». Y ahonda en ese tema hasta que la persona misma llegue a la conclusión. No le digas cosas como: «Nunca vas a ser feliz porque las personas nunca harán todo lo que tú quieres», más bien pregúntale: «¿Cuál es la probabilidad de que todas las personas a tu alrededor hagan lo que tú quieres?». Y «¿Cuál es la probabilidad entonces de que seas feliz?». Permite que él o ella lleguen a sus propias conclusiones.

El arte del *coaching* es el arte de hacer las preguntas que lleven al individuo a revelar su verdad.

El arte de hacer las preguntas correctas no se limita solo a romper patrones negativos, sino que es la mejor manera de enseñar a las personas a pensar correctamente. Por ejemplo, como líderes de un negocio u organización, usualmente somos expertos en nuestra área de influencia. Una de las razones por las cuales hemos desarrollado liderazgo de pensamiento es porque nos hemos sumergido en entender los negocios, las organizaciones, en fin, el área que está bajo nuestra responsabilidad.

> Si logras mover a la persona de un estado de desempoderamiento (culpando) a un estado de empoderamiento (yo sí puedo cambiar la situación) habrás hecho la gran diferencia.
> #tumomentoahora.com

> El arte del *coaching* es el arte de hacer las preguntas que lleven al individuo a revelar su verdad.
> #tumomentoahora.com

Esa búsqueda de maestría unida con la experiencia, los aciertos y fracasos, los han llevado a desarrollar un pensamiento estratégico. En otras palabras, en la mayoría de los casos la decisión más acertada viene del líder.

El error que muchas veces cometemos como líderes es que le damos a nuestro equipo la decisión ya tomada y no los enseñamos a pensar. Como dicen: les damos el pescado y no los enseñamos a pescar.

Es mucho más fácil al recibir un reporte de una situación en particular, simplemente tomar la decisión y seguir adelante. Especialmente si estamos convencidos de que la decisión es la correcta.

El problema está en que olvidamos que una de las labores de todo líder es desarrollar a otros. Un líder debe aprovechar cada experiencia y situación para crear un momento de enseñanza para sus seguidores.

> **Un líder debe aprovechar cada experiencia y situación para crear un momento de enseñanza para sus seguidores.**
> #tumomentoahora.com

Nuevamente, la mejor manera que he visto para hacer esto es con preguntas.

En mi propia experiencia, me sucedió varias veces en mi trabajo que le presentaba a mi jefe una situación, idea, problema, etc. e invariablemente su siguiente pregunta era: ¿qué harías tú?

La pregunta me forzaba a pensar como un gerente, como un líder del negocio. No siempre mi jefe estaba de acuerdo con mi respuesta, y en esos casos, me mostraba su línea de pensamiento y el porqué lo llevaba a conclusiones distintas.

El punto es que siempre aprendía algo. Bien sea que tomara la decisión correcta o que mi jefe tomara la decisión contraria a mi recomendación, siempre aprendía.

> **Haz preguntas y enseña a las personas a pensar.**
> #tumomentoahora.com

Esta enseñanza la podemos llevar a todas las áreas de la vida. No indiques fácilmente la dirección, así estés seguro de cuál es el paso que debes dar. Haz preguntas y enseña a las personas a pensar.

Es completamente diferente cuando le dices a tu hijo o hija que hicieron algo malo a cuando les preguntas ¿qué hiciste? ¿Por qué lo hiciste?

¿Crees que lo que hiciste fue bueno o malo? ¿Por qué piensas que fue malo? Pregunta a pregunta los llevas a pensar y llegar a sus propias conclusiones.

Igualmente sucede con nuestro equipo de trabajo. ¿Cuál es el problema? ¿Qué lo causó? ¿Qué proceso o sistema recomiendas aplicar para que no vuelva a suceder? ¿Qué piensas que debemos hacer para corregir y recuperar lo perdido? ¿Cómo crees que debemos ejecutar tu idea? ¿Qué harías tú?

Nuevamente, pregunta a pregunta lo llevas a pensar.

Si no estás completamente de acuerdo con su idea o recomendación, siempre puedes explicarles tu punto de vista sabiamente, y les explicas a detalle dónde difieres de él o ella, los riesgos que ves al ejecutar su idea, cómo su idea afecta otras áreas de la organización o el negocio que él no tiene visibilidad, etc. Al final siempre les estás enseñando el proceso de pensar. Les enseñas a ver las cosas de modo diferente. Estás construyendo un futuro líder, de una forma empática.

> **Confronta la acción y no a la persona.**
> #tumomentoahora.com

En el proceso de respuesta al individuo con el objetivo de lograr el crecimiento de la persona, existen momentos en los que necesitas confrontar un comportamiento para ayudarlo a crecer. En esos casos, quiero dejarte ciertos aspectos que aprendí del gran John Maxwell en su libro *Desarrolle los líderes que están alrededor de usted* que debes tomar en consideración a la hora de confrontar para «confrontar efectivamente» y mantenerte empático con la situación:

1. Confronta rápido

Evitar la confrontación empeora la situación y le quita al individuo la oportunidad de aprender. Mientras más tarde, menos me gusta hacer lo que debo. Esta ha sido la falla más grande de mi parte hasta el momento. Como no me gusta confrontar, decido esperar hasta el día siguiente, la semana siguiente, hasta que explota.

2. Separa la acción de la persona

> **Tenemos que partir del punto de que la persona tiene buenos motivos.**
> #tumomentoahora.com

Confronta la acción y no a la persona. A la persona se le continúa animando y apoyando. Es muy diferente decirle a una persona que actuó de una manera irresponsable en un momento específico que decirle que es una irresponsable. De esta manera se comunica que el problema es algo ajeno a los dos, y que se puede atacar y corregir como equipo.

3. Confronta solo cuando la persona pueda cambiar

Si se confronta a alguien por algo que no puede cambiar, solo traerá frustración y dañará la relación líder-individuo. En estos casos necesitas cambiar el mapa paradigmático.

4. Siempre brinda el beneficio de la duda

Tenemos que partir del punto de que la persona tiene buenos motivos. A veces olvidamos que la mayoría de las personas son buenas y quieren dar lo mejor de sí. En el momento que internalizamos este concepto, la confrontación se hace más fácil y productiva.

5. Sé específico

> **Si no puedes ser específico en lo que necesitas confrontar, probablemente el equivocado seas tú.**
> #tumomentoahora.com

Si no puedes ser específico en lo que necesitas confrontar, probablemente el equivocado seas tú. Ser específico ayuda a la persona a enfocarse en qué tiene que hacer para mejorar. Por ejemplo, comentarle a una persona que su presentación estuvo deficiente no es suficientemente específico. Por el contrario, si se le dice que a su presentación le faltaron los datos del crecimiento de las ventas por región y los resultados del estudio de mercado, lo hace más específico.

6. Evita las palabras «siempre» y «nunca»

Las palabras «siempre» o «nunca» son absolutas y rara vez se aplican a la realidad. Estas palabras llevan la falla al extremo y causan reacción inmediata por parte del individuo. Cuando hay una falla repetitiva, es mucho mejor ser específico tanto en la falla como en la cantidad de veces que se ha repetido antes de utilizar las palabras «siempre» o «nunca».

> **Sin caer en la manipulación, es importante comunicar cómo uno se siente respecto a lo sucedido.**
> #tumomentoahora.com

7. Dile a la persona cómo te sientes

Sin caer en la manipulación, es importante comunicar cómo uno se siente respecto a lo sucedido. Si uno se siente irrespetado, manipulado, dolido, traicionado, etc., uno debe comunicar el sentimiento (siempre conectado a la acción y no a la persona). Es importante para la persona entender las consecuencias de su acción.

8. Dale a la persona un plan de acción para corregir el problema

No hay nada mejor que, al momento de detectar un problema, colaborar con la solución del mismo. Muchas veces dejamos a la persona sola para que resuelva un problema que no tiene la capacidad de resolver. Es esos casos, el líder debe invertirse en la persona y trabajar en el plan de acción para enseñarle por medio del ejemplo como salir del problema. La mejor estrategia para crear el plan de acción es, tal y como conversamos antes, hacerle preguntas.

> **Al momento de detectar un problema, colabora con la solución del mismo.**
> #tumomentoahora.com

> Siempre después de confrontar se deben resaltar las fortalezas y virtudes del individuo, y comunicar por qué es clave para la organización.
> #tumomentoahora.com

9. Ratifica al individuo como persona y amigo

La confrontación se hace como un sándwich, primero el pan (suave), luego la carne (confrontación) y luego el pan (ratificar a la persona). Siempre después de confrontar se deben resaltar las fortalezas y virtudes del individuo, y comunicar por qué es clave para la organización.

CAPÍTULO 17

CUATRO CUALIDADES QUE NECESITAS DESARROLLAR HOY MISMO

EXISTEN CIENTOS DE CUALIDADES QUE UNA PERSONA PUEDE DESARROLLAR PARA alcanzar el éxito en la vida. De todas ellas, existen cuatro que hemos estado discutiendo en este libro y que son imprescindibles para lograr lo que tanto deseas. Mientras me preguntaba cuáles serían esas cuatro características que podría llamar «mínimo común denominador» de las personas más exitosas que conozco, me llegó la respuesta de forma inesperada por un comentario sencillo, pero a la vez profundo, que hizo Andy Stanley en su podcast: «Un líder de impacto es lo mismo que una adolescente que quiere un iPhone».[1]

¿Una adolescente que quiere un iPhone? Sí. Así de sencillo. Si desarrollas las características de una adolescente que quiere un iPhone (o eres una en este momento), estás listo para tener éxito en la vida.

Si te tomas unos segundos para reflexionar y visualizar cómo es una adolescente que desesperadamente quiere un iPhone, vas a observar cuatro características clave que son necesarias en el liderazgo:

1. Claridad en lo que desea

Una adolescente queriendo un iPhone sabe exactamente lo que quiere. No quiere el viejo iPhone, no quiere un Samsung, no quiere que los padres en vez de un iPhone le regalen otro teléfono celular. Ella quiere un iPhone. Ella sabe el modelo, color y tamaño que «necesita». Sin esas características específicas no tiene sentido. No la vas a poder engañar.

Una de las historias que comentamos entre amigos y nos reímos es cuando recordamos las diferencias entre las cartas que le hacíamos al «Niño Jesús» o San Nicolás, y los regalos que nos traían nuestros padres. Siempre había una diferencia importante entre lo que pedíamos y lo que llegaba, no era lo que teníamos en mente. El proceso de escribir la carta no era muy efectivo. Muchos recibimos las patinetas del color que no queríamos o bicicletas de paseo cuando realmente queríamos una todo terreno, etc. Todo mejoró cuando nuestros padres nos revelaron la verdad del «Niño Jesús» y podíamos entonces libremente ir con ellos a la tienda e indicarle exactamente lo que queríamos. No más bicicletas rosas para hombres y pelotas de fútbol para las niñas. Ahora todo era con marca, modelo y lugar. No había espacio para el error.

> ¿Quieres tener éxito en la vida? Necesitas claridad en lo que deseas.
>
> #tumomentoahora.com

La pregunta para ti es: ¿sabes lo que quieres? ¿Lo sabes en tal detalle que «no te pueden engañar»? En mi libro *Despierta tu héroe interior* comento que nosotros invertimos meses definiendo y planificando una boda, unas vacaciones y hasta una fiesta de cumpleaños; pero no invertimos ni siquiera unas horas en el año para definir con detalle lo que queremos de la vida.

Por eso la parte II de este libro. Si llegado a este punto, no estás completamente claro de lo que quieres en la vida, tus «metas rezagadas» y tus «metas proactivas», necesitas releer la parte II de este libro.

¿Quieres tener éxito en la vida? Necesitas claridad en lo que deseas.

2. Enfoque

Esta adolescente está enfocada en lo que quiere cada segundo del día. Al despertarse está pensando en su potencial teléfono, en la escuela no se concentra en la clase soñando con su celular, y al minuto que llega a su casa comienza a ver videos en YouTube de todas las funciones y posibles aplicaciones que «le darán sentido a su vida» luego de que tenga su iPhone nuevo.

Recuerdo cuando le vi a un amigo su nueva Palm Pilot (producto que ya ni existe, pero fue la predecesora de los teléfonos inteligentes), inmediatamente necesitaba una, podría colocar mis documentos, hacer citas, manejar mis contactos, etc. Me había convertido en una adolescente que quiere un iPhone: necesitaba una.

> **Como líderes de impacto no solo necesitamos tener claridad sino también enfoque.**
> #tumomentoahora.com

Rápidamente saqué el dinero de la cuenta y se lo di a un tío que estaba viajando a Estados Unidos esa semana para que me hiciera el favor de comprarla y traerla. Yo no podía dormir, ya me había leído el manual que había conseguido por internet. Sabía todo de la Palm Pilot sin siquiera tenerla todavía en mi mano. Contaba los minutos para que mi tío volviera con la preciada herramienta.

Su vuelo de regreso de Estados Unidos llegó bien tarde en la noche. Lo lógico era que lo hubiera dejado llegar en paz en la madrugada a su casa, acostarse a dormir, y al día siguiente, pasar por su casa a recoger mi aparato.

Pero no. Yo era una adolescente que quería un iPhone.

Así que llegué en la noche, les toqué la puerta, los forcé a abrir todas las maletas hasta que consiguieran mi caja y me la dieran.

Totalmente desconsiderado de mi parte. Y hasta el día de hoy esa historia se cuenta dentro de la familia (ahora con risas, finalmente).

Pero la realidad era que estaba completamente enfocado.

> **Elimina lo innecesario y enfócate.**
> #tumomentoahora.com

Como líderes de impacto no solo necesitamos tener claridad sino también enfoque.

Cada paso que des, cada compromiso que aceptes, cada esfuerzo deben llevarte al objetivo que con claridad definiste. No permitas que las distracciones de la vida y «oportunidades» te desvíen del destino al que estás remando.

Elimina lo innecesario y enfócate.

3. Testarudez

> El nivel de tu éxito en la vida es directamente proporcional a la cantidad de «no» que recibas y a cuantas veces estés dispuesto a levantarte nuevamente e intentarlo.
> #tumomentoahora.com

Esta adolescente que hemos estado estudiando es testaruda. Ella quiere su teléfono inteligente a toda costa. Nunca va a aceptar un "no" como respuesta. Todos los días está tratando de convencer a sus padres de que deben comprarle el teléfono. Podrá recibir cien «no» pero cada día se levantará nuevamente para la conquista de su tan deseado Iphone.

¿Eres terco con tus objetivos? ¿Eres de esas personas que recibes tres o cuatro «no» y te desanimas y renuncias?

El nivel de tu éxito en la vida es directamente proporcional a la cantidad de «no» que recibas y a cuantas veces estés dispuesto a levantarte nuevamente e intentarlo.

Algo que aprendemos de los niños y los adolescentes es que son tercos. Necesitamos ser testarudos en las cosas correctas. ¿Imaginas que luego de que intentaras caminar y te cayeras tres o cuatro veces cuando niño, dijeras: esto de caminar como que no es para mí? ¿O si todavía utilizaras pañales desechables porque lamentablemente de niño cometiste un par de accidentes cuando tus padres te intentaban quitar los pañales, así que decidiste mejor ir por lo seguro y quedarte en pañales toda tu vida? Pues adopta la actitud de un niño: sé testarudo.

El camino al éxito es una cuesta que siempre va en subida y está llena de piedras. Tu testarudez unida al sistema de retroalimentación y ajuste que conversamos en la parte II de este libro, harán la total diferencia.

4. Ingenio

Una adolescente en la mayoría de los casos (cuando no tiene unos padres que le regalan todo), no tiene el dinero para comprarse un nuevo iPhone. Esta persona no tiene los recursos para lograr su meta. Sin embargo, busca todas las maneras posibles de conseguirlo: se lo pide a los padres, pide ayuda a los abuelos, solicita dinero a toda su familia en su cumpleaños, sale a trabajar en un restaurante de comida rápida u ofrece servicios de niñera para ganar algo de dinero, etc.

Esta persona es ingeniosa para conseguir una solución a su falta de recursos.

En el idioma inglés hay dos palabras que me ayudarán a explicar este concepto: *resource* y *resourcefulness*. La primera se traduce en «recursos», es decir, dinero, tiempo, herramientas, habilidades, etc. Y la segunda se traduce en la «capacidad de conseguir recursos». Todo individuo en toda empresa o proyecto va a enfrentar una falta de recursos. Sea falta de dinero, recurso humano o tiempo, el individuo necesita ser ingenioso en cómo consigue los recursos que necesita. La gran diferencia no está en la cantidad de recursos, sino en la capacidad de conseguir los recursos que tiene el individuo.

> El camino al éxito es una cuesta que siempre va en subida y está llena de piedras. Tu testarudez unida al sistema de retroalimentación y ajuste harán la total diferencia.
> #tumomentoahora.com

Por eso muchas personas se paralizan cuando no tienen recursos: no tengo el dinero, no tengo el tiempo, el gobierno no me apoya, mi familia no me presta el dinero, etc. Por el contrario, los individuos de éxito hacen que las cosas pasen: consiguen el dinero donde esté, convencen a personas para que los ayuden en la causa, sacan tiempo de donde no lo hay, piden favores, utilizan sus influencias para conseguir que les abran puertas, etc. No necesariamente tienen los recursos, pero lo que sí tienen es una tenacidad infinita y una capacidad de conseguir los recursos, estén donde estén. Ellos saben que nunca tendrán todos los recursos que necesitan y desean, y en consecuencia, siempre tienen una actitud positiva ante el reto al cual se enfrentan. Saben que la falta de recursos no es un problema, sino parte normal de la vida, y lo ven como una nueva aventura que los llevará a nuevos horizontes de lo posible.

> **La gran diferencia no está en la cantidad de recursos, sino en la capacidad de conseguir los recursos que tiene el individuo.**
> #tumomentoahora.com

Entonces, ¿te comprometes a ser como una adolescente que quiere un iPhone? Cada día, frente a cada obstáculo, pregúntate: ¿qué haría una adolescente en este momento? Claridad, enfoque, testarudez e ingenio para conseguir recursos.

CAPÍTULO 18

LA FELICIDAD Y EL DINERO

YA CERRANDO EL LIBRO, NO QUERÍA DEJAR DE COMENTARTE CIERTAS REFLEXIONES sobre el dinero y la felicidad.

Una de las frases que escuchamos constantemente es que «el dinero no te hace feliz» (o no trae la felicidad). Usualmente esta frase es afirmada tanto por personas sin dinero, como con personas que han tenido mucho dinero.

Sin embargo, quiero regalarte una reflexión porque siento que, en algunos casos, el dinero sí colabora con tu felicidad. Y si, logras aprovecharte de estos casos en la medida que haces dinero, puedes utilizarlo de una manera que te traiga felicidad.

He descubierto que el dinero te trae felicidad cuando suceden una de estas tres cosas:

1. Genera anticipación

Para el momento que leas estas líneas debo haber cumplido un gran sueño, hacer un viaje de montañismo con mi papá. En el momento que las escribo me estoy preparando para subir el monte Roraima en el Amazonas venezolano. El monte Roraima es un cerro que tiene más de treinta y un kilómetros cuadrados en la cima, bordeado de precipicios de más de cuatrocientos metros de alto.[1] Es una total maravilla de la naturaleza. En el monte Roraima está el llamado punto triple, que es el punto geográfico que divide a Venezuela, Brasil y Guyana.

> **La anticipación del viaje te genera felicidad.**
> #tumomentoahora.com

Planificar este viaje me costó dinero, pero la gran felicidad del viaje nació desde el momento en que decidí ir y comencé el proceso de preparación. Me he dado cuenta de que no solo este viaje, sino que prácticamente todos los viajes que he hecho en mi vida, me generan felicidad desde el momento en que decido hacerlos.

La anticipación del viaje te genera felicidad.

Sabiendo esto, maximiza la felicidad que te genera la oportunidad de tu inversión cuando viajes asegurando invertir tiempo en generar anticipación. Compra los pasajes, lee al respecto, investiga en la internet, comienza a vivir tu viaje meses antes de que suceda. Maximiza tu felicidad lo más posible aprovechando la inversión.

2. Elimina problemas diarios (no necesariamente agrega beneficios que no necesitas)

Algo que he descubierto es que rara vez agregar algo que no necesito incrementa la felicidad. Sin embargo, agregar algo que elimine problemas diarios, sí aumenta mi felicidad. Este fue un concepto que transformó mi manera de pensar en el momento que deseo comprarme algo.

> **Maximiza tu felicidad lo más posible aprovechando la inversión.**
> #tumomentoahora.com

Cuando me da el deseo de comprarme el último iPhone o cualquier otro juguete, la pregunta que me hago es: ¿qué problema diario esto va a solucionar? Usualmente un nuevo iPhone o un juguete tecnológico (o una nueva prenda de ropa, o cartera para las damas) no me dará una buena respuesta. Cuando compramos algo, creemos que el nuevo juguete, o ropa, o cartera, o par de zapatos nos va a hacer feliz, pero ese sentimiento es tan solo temporal. Luego de unos días o semanas, ya queremos otro par de zapatos, o salió el nuevo computador, o nos encantó el nuevo vehículo del vecino.

Hace un mes me compré una aspiradora robot. No fue económica pero créeme que me ha hecho feliz. Entre los compromisos que tenía escribiendo este libro, lanzando un nuevo curso y mis compromisos diarios de trabajo, se me hacía sumamente difícil mantener la casa sin polvo. Y cuando llegaba cada día y veía el polvo en todos lados, me daba de todo.

> Cuando compramos algo, creemos que el nuevo juguete, o ropa, o cartera, o par de zapatos nos va a hacer feliz, pero ese sentimiento es tan solo temporal.
> #tumomentoahora.com

Entonces me pregunté: ¿qué problema diario esta aspiradora robot va a solucionar? Pues tener la casa limpia ¿Por qué? Porque diariamente limpia el piso automáticamente y, cuando tienes el piso sin polvo, la casa en general se mantiene sin polvo. Me hice también la pregunta: ¿dónde debería yo invertir más mi tiempo, creando contenidos en el blog, podcasts, etc. o limpiando el piso de la casa? ¿Dónde soy más útil a mi propósito? La respuesta era clara: me compré el robot.

Como puedes ver, no estoy en desacuerdo con comprar cosas costosas, pero me he dado cuenta de que cuando te eliminan problemas reales de tu vida, contribuyen con tu felicidad. Cuando te «eliminan» problemas imaginarios, entonces contribuyen con tu deseo consumista que más bien te hace más infeliz.

3. Dalo generosamente

Si existe algo en lo cual he luchado en mi vida es por ser cada vez más generoso. No me viene naturalmente. He tenido que poco a poco evolucionar desde una perspectiva de escasez

> No estoy en desacuerdo con comprar cosas costosas, pero me he dado cuenta de que cuando te eliminan problemas reales de tu vida, contribuyen con tu felicidad.
> #tumomentoahora.com

a una mentalidad de abundancia (uno de mis pensamientos limitantes era que «los recursos son finitos», en consecuencia, si te doy a ti, me resto a mí).

Todos estamos en un proceso. Para algunos ser generoso con su tiempo o dinero les viene fácil, para otros, nos cuesta un poco más. Lo importante en la vida no es dónde te encuentras, sino a dónde vas.

> **Creo que el proceso de despegarte de la necesidad de lo material te libera, disminuye tu estrés y te da felicidad.**
> #tumomentoahora.com

A pesar de que el objetivo de ser generosos no es beneficiarse personalmente del proceso, invariablemente sucede así. Por eso hoy quiero darte seis beneficios de ser generoso, que he experimentado en mi vida:

1. Ser generoso te ayuda a despegarte de las cosas: no sé si hayas experimentado esto, pero me he dado cuenta de que mientras más apegado estoy a algo material, más infeliz soy. Creo que el proceso de despegarte de la necesidad de lo material te libera, disminuye tu estrés y te da felicidad.

> **Ser generoso te ayuda a recordar que existen personas que no tienen lo que tú tienes.**
> #tumomentoahora.com

2. Ser generoso te enseña a ser agradecido: con el tiempo y los éxitos comenzamos a dar todo por garantizado. Nos molestamos si la reparación de nuestro auto salió costosa mientras que nos olvidamos de cuando no teníamos auto, utilizábamos el transporte público y soñábamos con el día que tuviéramos nuestro propio auto. Nos amargamos al salir al trabajo mientras nos olvidamos de nuestros días desempleados en los que rogábamos por un salario.

Ser generoso te ayuda a recordar que existen personas que no tienen lo que tú tienes. En fin, te hace más agradecido. Y tal y como conversamos en el capítulo «De la felicidad a la plenitud», ser agradecido es uno de los pilares de la felicidad.

> **Ser agradecido es uno de los pilares de la felicidad.**
> #tumomentoahora.com

3. Ser generoso te da un sentido de propósito: cuando inviertes todo tu dinero y tiempo

en ti, invariablemente pierdes sentido de propósito en tu vida y comienza a crearse un sentimiento de vacío. Normalmente creemos que ese vacío se llena con un nuevo «juguete». El problema es que ese «juguete» incrementa el sentimiento de vacío en ti.

> **Ser generoso rompe el ciclo y te alinea con un plan y propósito mayor.**
> #tumomentoahora.com

Ser generoso rompe el ciclo y te alinea con un plan y propósito mayor.

4. Ser generoso motiva a otros a ser generosos también: es un proceso multiplicador. Al dar el ejemplo a tu familia y amigos invitas a otros a unirse y multiplicas el efecto de bien para el mundo. De hecho, la razón que me llevó a ser más generoso fue cuando experimenté la generosidad de otras personas. Esas experiencias desarrollaron el deseo en mí de ser más generoso con los demás.

5. Ser generoso te ayuda a desarrollar relaciones duraderas: si inviertes tu tiempo o tu dinero en ayudar a otra persona en necesidad, muy probablemente desarrolles una relación leal de por vida. La generosidad es una base fundamental del liderazgo.

> **La razón que me llevó a ser más generoso fue cuando experimenté la generosidad de otras personas.**
> #tumomentoahora.com

6. Ser generoso pone tus problemas en la perspectiva correcta: algo que me ha sucedido casi siempre es que, cuando comparo mis problemas con los de otros, me doy cuenta de que no tengo problemas. Cuando investigas sobre la situación de hambre en África, la falta de agua potable, el efecto que eso trae en la ausencia de los niños en clase, tanto por las enfermedades como porque necesitan invertir horas diariamente solo para caminar y buscar agua... colocas tus problemas en perspectiva. Cuando ves los problemas de derechos humanos en países

> **Ser generoso pone tus problemas en la perspectiva correcta.**
> #tumomentoahora.com

que están bajo dictaduras, te das cuenta de que tus problemas de que el gobierno local no tapó un hueco en la avenida no son tan importantes. Cuando ves a una persona sin trabajo, te das cuenta de que los problemas con tu jefe no son de vida o muerte.

Y ¿qué es una persona sin ataduras materiales, agradecida, con propósito, con relaciones profundas y problemas en su real perspectiva?

Es una persona feliz.

Ser generoso te ayuda a ser feliz.

Entonces bajo esta reflexión quiero romper el pensamiento limitante de que el dinero no te hace feliz. El dinero sí te hace feliz cuando maximizas la anticipación, lo inviertes en resolver problemas reales de tu día a día y cuando lo das generosamente.

> **La generosidad es una base fundamental del liderazgo.**
> #tumomentoahora.com

> **El dinero sí te hace feliz cuando maximizas la anticipación, lo inviertes en resolver problemas reales de tu día a día y cuando lo das generosamente.**
> #tumomentoahora.com

Palabras finales

HACE UN TIEMPO LE PREGUNTARON A GARY VEE, UNA PERSONALIDAD MUY CONOCIDA en el área del emprendimiento y el mercadeo, que cuál era su opinión de las resoluciones de fin de año.

Su respuesta fue brillante, él dijo que eran excelentes si y solo si hoy fuera primero de enero.

Pero probablemente hoy no es primero de enero. Entonces hoy, en este momento, las resoluciones de fin de año son basura.

Las únicas resoluciones que importan son las de hoy.

¿Qué vas a hacer hoy?

¿Y mañana?

Quiero confesarte la mayor preocupación que tengo luego de que hayas terminado de leer este libro. A través de estas páginas te llevé desde conquistar tu mente, cuerpo y espíritu, hasta establecer visiones, metas y acciones claras. Te di herramientas que multiplicarán tu productividad al extremo y te expliqué conceptos que creo te ayudarán a tener éxito afuera.

Para muchas personas todos estos conceptos y ejercicios las catapultarán a una nueva vida,

Pero (y siempre hay un pero)...

A otras las mantendrán en un estado de inacción.

¿Por qué? Porque todos tenemos miedo, y mientras personas utilizan estos conceptos para crecer, reprogramar su mente y salir a conquistar al mundo, otras los utilizarán para excusarse en la inacción. En vez de salir allá afuera a actuar por sus sueños, se encerrarán horas y horas tratando de definir sus pensamientos limitantes, su mapa paradigmático y cuál debería ser la visión perfecta con las «metas rezagadas» perfectas y las «metas proactivas» perfectas.

Al final, es solo una excusa para la inacción.

> **Este libro te dio un mapa para la acción, no un manual para que pases los próximos meses y años definiendo el plan perfecto de tu vida.**
> #tumomentoahora.com

Este libro te dio un mapa para la acción, no un manual para que pases los próximos meses y años definiendo el plan perfecto de tu vida.

Sal a la calle y actúa. Tu sueño no está en tu casa, no está en tu mundo ordinario, no está en las cuatro paredes donde te encuentras ahora leyendo. Tu sueño está afuera y necesitas salir a buscarlo.

No me importa si tu visión no es cien por ciento clara, o si hace falta pulir tus metas rezagadas o proactivas.

Sal y actúa ya. Punto.

... pues ahí estaba yo. No confiando en los dioses, sino en el poder de mi mente. ¿Podría caminar sobre brasas ardiendo sin quemarme? ¿Podría violar mi propia lógica, lo que estaba percibiendo en mis sentidos, y confiar?

Miré al cielo estrellado, cerré mis puños con toda mi fuerza, y di el paso.

En el momento en que di el paso, se abrió el espacio frente a mí.

Ahora tú. Sí. Tú que estás leyendo estas líneas, estás también descalzo, frente a un infierno de calor a casi seiscientos grados centígrados. Ahora tú eres el que está sintiendo el calor quemándote el pecho y el rostro.

Estás ahí, frente al mar de brasas rojas.

Hoy es tu graduación.

¿Darás el paso?

Tu momento es ahora.

Notas

Capítulo 1. Conquista la mente

1. Antonio Damasio, *Descartes' Error: Emotion, Reason, and the Human Brain* (Londres: Penguin Books, 2005), pp. 34–51 [*El error de Descartes: La emoción, la razón y el cerebro humano* (Barcelona: Destino, 2013)].
2. Charles Duhigg, citado por Víctor Hugo Manzanilla, *Despierta tu héroe interior*, (Nashville, TN: Grupo Nelson, 2015).
3. Og Mandino, *El vendedor más grande del mundo*, (México D.F.: Editorial Diana, 1998).
4. Disponible en https://en.wikipedia.org/wiki/Mike_Tyson_vs._Buster_Douglas.
5. Steven Pressfield, *The Virtues of War*, (Nueva York: Vantam, 2005).
6. Ryan Holiday, *The Daily Stoic* (Nueva York: Portfolio Penguin, 2016), p. 332.

Capítulo 2. Conquista tu cuerpo

1. Disponible en https://en.wikipedia.org/wiki/Insulin_resistance.
2. David Perlmutter, *Cerebro de pan* (México D.F.: Penguin, 2015), p. 110.
3. Stephen Ilardi, *The Depression Cure* (Nueva York: Perseus Books Group, 2010), p. 12.

Capítulo 3. El espíritu

1. Filip Raes, James W. Griffith, Katleen Gucht y J. Mark G. Williams, «School-Based Prevention and Reduction of Depression in Adolescents: a Cluster-Randomized Controlled Trial of a Mindfulness Group Program». *Mindfulness*, 2013; DOI: 10.1007/s12671-013-0202-1

2. «Scientific Benefits of Meditation» en http://www.psyn-journal.com/article/S0925-4927%2810%2900288-X/abstract.

3. «Evidence builds that meditation strengthens the brain, UCLA researchers say», *UCLA Newsroom*, 15 marzo 2012, http://newsroom.ucla.edu/releases/evidence-builds-that-meditation-230237.

4. Makiko Kitamura, «Harvard Yoga Scientists Find Proof of Meditation Benefit», Bloomber, 21 noviembre 2013, https://www.bloomberg.com/news/articles/2013-11-22/harvard-yoga-scientists-find-proof-of-meditation-benefit.

5. Hooria Jazaieri, Geshe Thupten Jinpa, Kelly McGonigal, et. al., «Enhancing Compassion: A Randomized Controlled Trial of a Compassion Cultivation Training Program», Stanford medicine, 25 julio 2012, http://ccare.stanford.edu/article/enhancing-compassion-a-randomized-controlled-trial-of-a-compassion-cultivation-training/.

Capítulo 4. Las cuatro necesidades de todo ser humano

1. *Groundhog Day*, guion por Danny Rubin y Harold Ramis, dirigida por Harold Ramis (Estados Unidos: Columbia Pictures, 1993).

2. *Into the Wild*, guion y dirección por Sean Penn (Estados Unidos: Paramount Vantage, 2007).

Capítulo 5. De la felicidad a la plenitud

1. Chris Gardner, *En busca de la felycidad* (Nashville: HarperCollins Español, 2015).

2. «Who We Are–History, Bill and Melinda Gates Foundation», citado por Manzanilla, en *Despierta tu héroe interior*, pp. 202–03.

Capítulo 7. Definiendo tu propósito (o vocación)

1. Disponible en https://en.wikipedia.org/wiki/Arnold_Schwarzenegger

Capítulo 8. Construyendo tu marca personal

1. Adaptado de Seth Godin.

2. Víctor H. Manzanilla, *Despierta tu héroe interior* (Nashville, TN: Grupo Nelson), pp. 83–84.

3. Steven Pressfield, *La guerra del arte* (Nueva York: Black Irish Book, 2013), p. 19.

Capítulo 9. Metas

1. John F. Kennedy, discurso pronunciado en el año 1961.

2. Disponible en, https://en.wikipedia.org/wiki/Apollo_11.

Capítulo 10. Creando hábitos de éxito

1. Este capítulo ha sido adaptado por Manzanilla, *Despierta tu héroe interior*, cap. 20.

Capítulo 11. Las siete áreas del desarrollo humano

1. Brian G. Dyson, http://www.markturner.net/2015/05/10/text-of-brian-dysons-commencement-speech-at-georgia-tech-sept-1991/?

Capítulo 14. Últimas palabras de la productividad

1. Este capítulo ha sido adaptado de Manzanilla, *Despierta tu héroe*, cap. 18.
2. Howard Schultz, en Manzanilla, *Despierta tu héroe*, cap. 6, p. 53.
3. Greg McKeown, *Essentialism: The Disciplined Pursuit of Less* (Nueva York: Crown Business, 2014), p. 5 [*Esencialismo: Logra el máximo de resultados con el mínimo de esfuerzos* (México DF: Aguilar, 2014)].
4. Christopher Sampson, en *Despierta tu héroe interior*, p. 174.

Capítulo 17. Cuatro cualidades que necesitas desarrollar hoy mismo

1. Andy Stanley, Andy Stanley Leadership Podcast, https://itunes.apple.com/us/podcast/andy-stanley-leadership-podcast/id290055666?mt=2.

Capítulo 18. La felicidad y el dinero

1. Disponible en https://en.wikipedia.org/wiki/Mount_Roraima.